ermutigende
Berichte
einer Missionarin

„Ich bin oft gereist, ich bin in Gefahr gewesen durch die Flüsse, in Gefahr unter den Räubern, . . . in Gefahr unter den Heiden . . ."
2. Korinther 11, 26

„Seid nicht bekümmert; denn die Freude am Herrn ist eure Stärke." Nehemia 8, 10b

Elisabeth Seiler

Wunderbar sind seine Wege

Erlebnisse einer Chinamissionarin (III)

Bearbeitet von Erich Mauerhofer

Hänssler-Verlag
Neuhausen-Stuttgart

Dieses Buch ist eine Veröffentlichung der TELOS-Verlagsgruppe. TELOS-Taschenbücher und TELOS-Paperback-Ausgaben sind „zielbewußt", wegweisend und biblisch orientiert. TELOS-Bücher können Sie unbedenklich weitergeben, sie wurden verantwortlich ausgewählt.

ISBN 3 921113 25 3

3. Auflage 21.—28. Tausend

Umschlagzeichnung: Franz Reins
Gesamtherstellung:
St.-Johannis-Druckerei C. Schweickhardt, Lahr-Dinglingen
Printed in Germany 12281/1972

Inhalt

I. China

Allerlei Erlebnisse aus Stations- und Reisedienst

Die Schlange auf dem Wege

Eines Tages mußte ich mich auf eine Reise begeben, um eine Außenstation zu besuchen. Ich fragte mich, wie es wohl gehen werde den schmalen Weg entlang. Ich ließ mich in der Sänfte tragen und wäre doch so gerne mal ausgestiegen, um ein Stück zu Fuß zu gehen; aber der Pfad war so schmal, daß man aufpassen mußte, rechts nicht in ein Reisfeld zu fallen oder links im Dickicht hängenzubleiben. Manchmal war es auch ganz felsig. –

Auf einmal öffnete sich vor uns eine wunderschöne Wiese, über die man frei gehen konnte, ohne Angst haben zu müssen, man falle irgendwo hinein. Ich rief meinen Kulis zu: „Ihr könnt hier ein wenig ausruhen, und nachher kommt ihr mit der leeren Sänfte nach. Ich gehe ein Stückchen voraus." Das ließen sie sich nicht zweimal sagen. Sofort setzten sie sich und waren froh, daß ich ein wenig zu Fuß gehen wollte. Ich ließ sie zurück und zog freudig aus.

Das Landschaftsbild, das sich mir bot, war so schön, daß ich mich kaum satt sehen konnte. – China ist nämlich in Berggegenden landschaftlich wunderschön mit seinen Wäldern, Hügeln und Berggipfeln. – Ich fühlte mich wie befreit und staunte und sang und war hochbeglückt und wollte wie ein Kind an Vaters Hand die herrliche Welt durchstreifen. Ich konnte mich kaum erinnern, einen so reizenden Weg gesehen zu haben auf den vielen Reisen zu den Außenstationen.

Auf einmal raschelte etwas im Gras. Ich konnte mir gar nicht vorstellen, was für ein Tier durch mein Näherkommen in seiner Ruhe gestört worden wäre. Es gab ja auch Bären und allerlei größere und kleinere Tiere im Wald und in den

Feldern. — Was mochte es wohl nur sein? — Ich traute meinen Augen kaum, als ich nicht allzuweit von mir entfernt eine Riesenschlange liegen sah. Mich schauderte! Soo dick und soo lang! Aus dem riesigen Haufen von Ringen richtete sich langsam ihr Kopf in die Höhe. Ich mußte sie wohl bei ihrem Sonnenbad gestört haben. Ganz genau wußte ich, daß ich nicht einfach fortlaufen durfte. — Wohin hätte ich mich in dieser endlosen Weite flüchten können vor der schrecklichen Mörderin? —

Mir kam in den Sinn, daß es das beste sei, dem angreifenden Tier unablässig in die Augen zu schauen. So blickte ich also geradewegs und ohne Unterbrechung in die feurigen Glotzaugen des Schlangenungetüms. Dazu ging ich weiter, um soweit als möglich von der Schlange weg zu kommen. Zum Glück brauchte ich nicht auf den Weg zu schauen, sonst hätte ich nicht weit gehen können.

Je weiter ich ging, desto höher richtete sich die Schlange auf. Ihr Kopf war schon gut zwei Zimmer hoch über dem Boden. Ich schätzte also, daß, wenn sie sich — wie sie es zu tun pflegen — mit einem Schlag in meiner Richtung fallen ließe, ich blitzschnell umringt und erdrückt würde. Sie war schon höher aufgerichtet, als ich von ihr entfernt war.

Meine Angst und das Bangen vor dem Grauenhaften wurden immer größer. Ich schrie zum Herrn um Hilfe und Gnade und wußte keinen Ausweg mehr. Dazu war ich ganz allein. Es war niemand da, der mir hätte helfen können, und einesteils war ich noch gerade froh, daß die Kulis nicht da waren. Die hätten mit ihrem Geschrei die Schlange noch böser gemacht.

Aber ich war doch nicht allein. Ich wußte und spürte, daß Jesus bei mir war, auch wenn es aussah, als stünde ich dem unentrinnbaren Tod gegenüber. Ich flehte und rang und sagte dem Heiland: „Herr Jesus, du hast mich doch nicht nach China gesandt, daß ich hier jämmerlich als Schlangenfraß zugrunde gehe. Bitte hilf mir. Rette mich. Du weißt ja, daß ich nur für dich da sein will."

Ich kann mir gar nicht vorstellen, wo die Schlange die Kraft hernahm, sich so hoch aufzurichten. Ich sah wohl, daß am Boden noch viele Ringe lagen. Nun mußte ich aber mit Erschrecken feststellen, daß der Schlangenkopf sich mir langsam näherte in der Luft. Trotzdem ich weiterging, kam sie immer näher. Unglaublich, was die Schlange fertigbrachte, ohne zu Boden zu fallen. Ihr Kopf war schon so nahe, daß ich ihr fieberhaftes Züngeln genau sehen konnte. Ihre Augen wurden immer größer und feuriger, ganz furchtbar. Schreckensstarr stand ich da und wußte nicht mehr, was ich tun sollte. Ich konnte nichts weiter mehr tun, als innerlich schreien und beten.

Jetzt begann die Schlange etwas zu tun, was ich schon bei einer Katze beobachtet habe. Gerade bevor die Katze zum Sprung ansetzt, beginnt sie am ganzen Leibe zu zittern. Und nun begann die ganze Schlange zu zittern. Unheimlich, teuflisch! Ihr Kopf war so nahe an meinem, daß ich jede Einzelheit sehen konnte.

Und jetzt? — Für mich gab es kein Entrinnen mehr! — Im letzten Augenblick schoß mir das Wort Jesu durch den Kopf: „In meinem Namen werden sie . . . Schlangen vertreiben" (Mark. 16, 17. 18). Mit letzter Kraft schrie ich die Schlange an, so laut ich konnte: *„Im Namen Jesu Christi, mach, daß du fortkommst!"*

Kaum hatte ich das geschrien, bäumte sich die mächtige Schlange zischend auf und überschlug sich rückwärts. Der Boden zitterte wie bei einem Erdbeben, als sie sich mit ihrem ganzen Gewicht fallen ließ. Blitzschnell raschelte die Riesenschlange durchs Gras davon. Ich habe nicht gewußt, daß Schlangen so schnell „rennen" können. Da wurde mir erst recht noch bewußt, daß es für mich kein Entrinnen gegeben hätte. Sie jagte davon wie eine zu Tode Gehetzte. Wer hat das bewirken können? — „In meinem Namen werden sie Schlangen vertreiben", hat Jesus gesagt.

Ich kann nicht sagen, wie groß mir der Name Jesu in dem Moment wurde. Ein Name, vor dem Teufel, Hölle und Welt erzittern!

Noch immer konnte ich es kaum fassen. Ich stand da wie gelähmt. Meine Füße waren wie aus Erz. Noch immer fühlte ich das schreckliche Zittern des Schlangenerdbebens. Eine ganze Zeit blieb ich so unbeweglich stehen und fing an, von ganzem Herzen meinen wunderbaren Herrn zu loben und zu preisen. Meine körperliche Erstarrung begann sich zu lösen, und langsam ging ich weiter über die Wiese hin und begann wieder zu singen. Dann rückten die Kulis an. Sie hatten von allem nichts gemerkt, und ich habe ihnen auch nichts erzählt, sonst hätten sie es mit der Angst zu tun bekommen, denn man sagte mir, daß die Schlangen selten alleine seien, die zweite sei immer in der Nähe.

Ich habe glücklicherweise keine zweite gesehen. Dieses Erlebnis war mir eine ganz spezielle Gebetserhörung. Wie oft hatte ich nämlich gefleht: „Lieber Heiland, ich möchte noch viel mehr erleben, wie groß die Kraft deines Jesusnamens ist, das wäre so wichtig für meinen Missionsdienst. Ich habe ja schon viel erleben dürfen; aber bitte, zeig es mir noch besser." — Mit einer solchen Gebetserhörung hatte ich allerdings nicht gerechnet. So schlimm wie der Schlangenüberfall war kein Räuberüberfall; aber der Name Jesu hat mich gerettet. Ich konnte preisen, rühmen und loben. Mein Leben war mir neu geschenkt. Ich dachte wohl, daß Gott es nicht zulasse, daß ich der Riesenschlange zum Opfer falle; aber das Miterleben ist noch etwas ganz anderes, als darüber zu reden.

Von diesem Tage an war mir der Name Jesu viel größer als vorher. Vor seinem Namen muß jede Feindesmacht fliehen. Er ist der Sieger von Golgatha.

„Er erniedrigte sich selbst und ward gehorsam bis zum Tode, ja zum Tode am Kreuz. Darum hat ihn auch Gott erhöht und hat ihm einen Namen gegeben, der über alle Namen ist, daß in dem Namen Jesu sich beugen sollen aller derer Knie, die im Himmel und auf Erden und unter der Erde sind, und alle Zungen bekennen sollen, daß Jesus Christus der Herr sei, zur Ehre Gottes, des Vaters" (Phil. 2, 8—11).

Die besessene Frau, die gläubig wurde

Ein Heide, der an derselben Straße wohnte, an der die Evangeliumshalle stand, kam mit seiner Frau zur Versammlung.

Sie wurden beide gläubig und durften später auch getauft werden. Die Frau war vorher besessen und durfte nach langem, anhaltendem Gebet frei werden von Satans Macht und Herrschaftsanspruch. Die Leute der Nachbarschaft wußten noch gut, wie oft die Frau schreiend und schäumend am Boden gelegen hatte und wie man andere Stimmen zu ihr reden hörte und wie sie diesen fremden Stimmen Antwort gab. Das hat man uns alles erzählt, und darum haben wir nicht nachgelassen in der Fürbitte für diese Frau, daß sie ganz frei werden möchte von diesen Banden. Und Gott erhörte. Sie durfte frei werden.

Nun kam eines Tages ein gläubiger Freund dieser Familie zum Missionar geeilt und erzählte voller Schrecken: „Missionar, es ist ganz furchtbar, die Frau liegt wieder am Boden. Ich war gerade bei ihnen im Haus, als plötzlich die Frau aufschrie und schäumte, als wäre sie nicht mehr bei Bewußtsein. Auf einmal hörte ich eine fremde Stimme mit der Frau reden. Die Stimme sagte: ‚Was habt ihr denn in eurem Hause? Man kann ja nirgends mehr hineinkommen?' Darauf antwortete die Frau: ‚Ja, das glaube ich, daß man bei uns nicht mehr hereinkommen kann.' — ‚Ihr habt ja eine Mauer um euch her', fuhr die andere Stimme fort. ‚Sag mir, seit wann und warum habt ihr eine so hohe Mauer, daß man keinen Eingang mehr findet?' — ‚Die Mauer, die um uns her ist', gab die Frau der fragenden Stimme zurück, ‚ist das Blut Jesu Christi, das uns einhüllt. Aber sag du mir jetzt, wer bist du?' Die Stimme gab zur Antwort: ‚Ich bin doch deine Großmutter; aber es befremdet mich, daß man euch nicht mehr besuchen kann wie früher.' — ‚Ja, sag mal, wo bist du denn überhaupt hereingekommen', fragte die Frau. ‚Wir haben doch eine Mauer um uns her durch das Blut Jesu, das uns bewahrt und bedeckt.' — ‚Durch deinen Kopf bin ich hereingekommen', gab die Stimme zurück."

Der Missionar war betrübt, als er von dem Vorgefallenen hörte, und riet dem Freund: „Gehe in das Haus zurück und durchsuche es ganz, ob die Frau vielleicht irgendwo noch einen versteckten Götzen hält oder vielleicht auch Räucherstäbchen. Vielleicht ist es etwas Unscheinbares, das aber mit Zauberei in Zusammenhang steht. Suche, bis du etwas findest. Es ist nicht anders denkbar, als daß noch irgend so etwas im Hause ist, das die Geister als Eingangstür benutzen können trotz der schützenden Macht des Blutes Jesu."

Der junge Mann bedankte sich und ging in das Haus zurück und durchsuchte alles ganz sorgfältig, aber ohne den gewünschten Erfolg. Ganz betrübt kam er zum Missionar zurück und sagte: „Wenn ich nur wüßte, was schuld ist. Ich habe nichts Verdächtiges gefunden." — „Weißt du, was wir tun? Wir beten ernstlich dafür, daß Gott dir zeigt, an was es liegen könnte", schlug der Missionar vor. „Lasse dich von Gott schicken und sei willig, sofort zu gehen, sobald er dich in das Haus gehen heißt. Der Herr kann es so führen, daß du herausbekommen kannst, warum diese Frau den traurigen Rückschlag erlitten hat."

Dankend verabschiedete sich der junge Mann und ging heim. Er betete ernstlich um die Lösung dieser fragwürdigen Angelegenheit. Er bat, Gott möge ihm doch helfen, herauszubekommen, wo es in dieser Familie noch fehle.

Die betroffene Frau war auch sehr unglücklich und traurig, daß wieder so ein Fall vorgekommen war. Sie hatte ja doch die heilende Macht des Blutes Jesu erfahren und hatte erlebt, wie die Teufel fliehen mußten. Und jetzt, wo sie ein Gotteskind war, wollte die Sache wiederkommen. Sie weinte und war sehr traurig und mit ihr auch ihr Mann; aber sie waren ratlos.

Eines Tages sprach der Herr zu dem Freund der Familie und gab ihm den Auftrag: „Gehe schnell zu deinem Freund und mache die Augen auf." Sofort gehorchte der junge Mann, trotzdem es noch frühe Morgenstunde war, und machte sich auf den Weg. Unterwegs betete er und sprach:

„Herr, bitte zeig mir, was nicht stimmt. Öffne du mir die Augen, daß ich es sehen kann.“

Als er das Haus des Freundes betrat, war die Frau gerade damit beschäftigt, ihre Haare zu kämmen. Er schaute ihr zu und betete dabei immer: „Herr, zeige mir doch, was du mir zeigen willst. Es ist mein Herzenswunsch, daß die Familie ganz glücklich wird und die Frau wieder gelöst werden kann.“ Kurz bevor die Frau fertig war mit Kämmen, sah er zu seinem Erstaunen, daß sie ganz unbemerkt und mit rascher Bewegung ein Medaillon unters Haar steckte. Sofort sagte er: „Bitte gib mir das Medaillon!“ Sie gab es ihm ohne Widerspruch, und sofort machte er sich damit auf den Weg zum Missionar. „Das habe ich heute morgen bei der Frau gefunden“, erklärte er, indem er dem Missionar die Medaille übergab. „Sie hat es beim Kämmen in die Haare gesteckt.“ Allerdings hatte er vergessen zu fragen, warum sie das mache. Der Missionar ließ die Frau kommen und fragte sie: „Warum trägst du das Medaillon im Haar?“ Da antwortete die Frau: „Als kleines Kind war ich einmal schwer krank. Da ließ meine Mutter einen Mann kommen, der hat etwas über mir gesprochen; ich weiß nicht mehr was. Ich war damals noch sehr klein. Jedenfalls war ich gesund geworden. Der Mann gab meiner Mutter das Medaillon und sagte ihr, ich solle das immer bei mir tragen, dann werde ich nie mehr krank. Und aus diesem Grunde trug ich es bis heute.“

Der Missionar öffnete den Gegenstand und fand ein kleines Zettelchen drin. Was sollte das bedeuten? — Die Frau war sichtlich erregt. Da stand ja sogar etwas geschrieben. Der Missionar teilte es ihr mit, worauf die Frau schluchzend ausrief: „Ich will nicht dem Teufel angehören; ich gehöre dem Herrn Jesus.“ Erst jetzt begriff der Missionar, warum der fremde Geist sagte, er hätte durch ihren Kopf eindringen können. So war also das Medaillon eine versteckte Hintertür, die sich Satan offen behalten wollte. Er hatte nichts gegen die Bekehrung dieser Frau; auch die hohe Mauer ums Haus machte ihm nichts aus, solange das Medaillon auf ihrem Kopf blieb. Der Missionar erklärte dies der Frau, und sie war sofort bereit, sich lösen zu lassen. Das Medaillon wurde kaputt geschlagen, und die Frau durfte durch Gottes große Gnade ganz frei werden. Die Frau tat Buße. Sie sagte dem Missionar, es tue ihr herzlich leid, aber sie habe nicht geahnt, daß der Gegenstand etwas mit Zauberei oder Besprechung zu tun habe.

Seitdem hat der Feind keinen Eingang mehr gefunden bei der Schwester. Sie folgte treu ihrem Heiland nach.

Die Geschichte war mir eine ernste Mahnung. Man kann bekehrt sein, getauft sein, zur Gemeinde gehören, und doch ist vielleicht noch etwas da, was nicht in Ordnung ist. Vielleicht hat der Feind noch irgendeine Geheimtür, die wir ihm offengelassen haben oder wieder geöffnet haben. Wenn man ihm nur den kleinen Finger reicht, so ist er zufrieden — und wir sind verloren.

Muß nicht Jesus auch klagen im Sendschreiben an die Gemeinde zu Ephesus: „Ich habe wider dich, daß du die erste Liebe verlässest. Gedenke, wovon du gefallen bist, und tue Buße und tue die ersten Werke. Wo aber nicht, werde ich über dich kommen und deinen Leuchter wegstoßen von seiner Stätte, wenn du nicht Buße tust" (Offb. 2, 4. 5).

Die kranke Kuh

Als wir auf einem kleinen Berg in den Ferien waren, lernten wir eine Christin kennen, die fleißig zur Versammlung kam. Es war eine entschiedene und treue Frau, die es zu Hause nicht einfach hatte. Ihr Mann wollte nichts von Jesus wissen. Nur mit großem Widerwillen ließ er sie zur Versammlung gehen. Wir freuten uns, daß sie überhaupt kommen durfte.

Eines Tages kam die Christin bitterlich weinend daher und erzählte schluchzend, ihr Mann habe ihr endgültig verboten, noch jemals in die Halle zu kommen. Dazu verlange er von ihr, daß sie nicht mehr an Jesus glaube.

Ganz erschüttert über die plötzliche Wendung fragte ich teilnahmsvoll: „Ja, was ist denn passiert?"

„Wir haben eine Kuh zu Hause, die krank geworden ist", erklärte die Frau. „Die Kuh ist gestürzt und kann nicht mehr laufen, und nun wissen wir nicht, ob sie am Ende noch geschlachtet werden muß. Mein Mann ist sehr ungehalten darüber; er behauptet, mein Glaube sei schuld daran und sagt, ich dürfe nicht mehr an Jesus glauben."

Die Frau sah sehr mitgenommen aus und bat mich, doch mit ihr heimzukommen, um mit ihrem Mann zu reden.

So stieg ich also mit der Frau den Berg hinunter und kam zu ihrem Haus. Sobald der Chinese mich sah, kam er auf mich zu und sagte: „Komm schnell mit mir in den Stall. Dort ist eine kranke Kuh. Du mußt mit ihr beten."

Ganz verwundert folgte ich dem Mann in den Stall. Er hatte also doch schon etwas gelernt von seiner gläubigen Frau, und das freute mich sehr.

Es war das erstemal in meinem Leben, daß ich in einem Stall für ein Tier beten sollte. Der Chinese begnügte sich aber nicht damit, daß ich für seine kranke Kuh betete. Er sagte zu mir: „Jetzt schau bitte nach, was der Kuh fehlt. An ihrem Bein muß sie arge Schmerzen haben, daß sie nicht einmal mehr stehen kann. Vielleicht kannst du ihr helfen." — „Nun", dachte ich, „da ist wohl kaum etwas zu machen, ich bin ja kein Kuhdoktor. Wie soll ich der Kuh helfen können? Ich weiß ja gar nicht, wo es ihr fehlt."

Der Chinese bemerkte mein Zögern und bat mich nochmals dringend, das Bein der Kuh anzufassen und zu untersuchen.

„Oh", entgegnete ich, „was denkst du, was geschieht, wenn ich der Kuh an die Stelle komme, wo es sie schmerzt?" Dazu blickte ich ängstlich auf die zwei großen Hörner der leidenden Kuh. „Ich weiß ja nicht, was geschehen könnte, wenn die Kuh ihre Hörner braucht."

Der Mann sah meine Not und meinte: „Davor brauchst du

keine Angst zu haben, ich halte die Kuh an den Hörnern fest, und meine Frau hält sie am Schwanz fest, dann kann sie dir nichts tun."

Mit einer geheimen Angst wagte ich mich also näher an die Kuh heran und begann, ganz sorgfältig das verwundete Bein abzutasten. Ich spürte, daß nichts gebrochen, wohl aber etwas verstreckt oder verstaucht oder gequetscht sein mußte; denn bei einer bestimmten Stelle zuckte die Kuh ganz merklich zusammen.

Ich flehte zum Herrn und bat ihn, mir doch beizustehen und mir zu sagen, was ich tun sollte, um der Kuh zu helfen. Ich hatte keine Ahnung, was man da tun könnte; aber ich wußte, wieviel an der Besserung der Kuh hing, so daß es mir wirklich ein Anliegen war, mein möglichstes zu tun. — „Entschuldigt", sagte ich zu dem Chinesen, „ich bin kein Tierarzt; ich sehe, wo es der Kuh fehlt, aber ich weiß nicht, was zu machen ist." Der Mann ließ aber nicht nach und beharrte darauf, daß ich die wunde Stelle behandeln sollte.

Plötzlich kam mir der Gedanke, ich könnte der Kuh doch einen Lehmumschlag machen. Entschlossen wandte ich mich an den Mann und sagte ihm: „Säge zwei Brettchen, damit ich der Kuh das kranke Bein einschienen kann. Ich hole zu Hause Lehm und werde damit der Kuh einen Umschlag machen; aber ich komme erst morgen wieder. Bereite einfach die Brettchen zu, und ich werde ihr den Umschlag machen, und dann wird's besser werden. — Aber das will ich dir noch sagen: Du mußt mir versprechen, daß, wenn die Kuh wieder gesund wird, deine Frau wieder zur Versammlung kommen darf, sonst mache ich nichts mehr an der Kuh."

„Ja, ja", bemühte er sich rasch zu versprechen, „sobald die Kuh wieder gesund ist, werde ich meine Frau nicht mehr aufhalten, zur Versammlung zu gehen."

Getrost verließ ich das Haus. Ich wußte, daß Gott eingreifen würde; hatte ich ihm doch alles anbefohlen! Aufwärts ging's, den Berg hinan zu unserem Ferienhaus, von wo aus ich am nächsten Morgen die „Lehm-Expedition" unternehmen wollte.

Am Abend legte ich nochmals alles meinem Herrn hin und sagte: „Lieber Heiland, ich kann ja nichts tun, als den Lehmumschlag machen und dann einfach alles dir überlassen. Du allein kannst die Kuh wieder gesund machen. O bitte, tu es doch, damit die Frau wieder ungehindert unter dein Wort kommen kann und der Mann sieht, daß du ein lebendiger Herr bist, nicht wie die toten Götzen, die weder sehen noch hören, noch helfen können." Getrost schlief ich ein.

Am nächsten Morgen sehr früh pochte es an meine Tür. Es war noch finster draußen. Sofort kam mir der Gedanke, es könnten Räuber sein. Mit lauter Stimme rief ich: „Wer ist draußen?"

Da erkannte ich zu meinem großen Erstaunen die Stimme des Chinesen, der mir rief: „Missionarin, du brauchst nicht kommen, meine Kuh kann wieder gehen. Sie läuft schon wieder draußen herum."

Voller Freude rief ich zurück: „Und deine Frau darf wieder zur Versammlung kommen!" — „Jawohl", hörte ich ihn antworten.

Erfüllt mit großer Freude dankte ich meinem treuen Herrn, dem nichts unmöglich ist, der sogar noch Kühe heilen kann. Wie wahr ist doch das Psalmwort: „Herr, du hilfst Menschen und Vieh" (Ps. 36, 7).

Lob und Dank sei dir dafür, du großer Herr!

Ein Landmann wirbt Seelen für Jesus

„Wache und bete oder zeuge und rede; denn der Meister rufet heute an die Arbeit dich."

Wieder einmal durfte ich zu einer Tauffeier gehen. Unterwegs besuchte ich einen lieben gläubigen Landmann, um ihn zur Feier einzuladen. Ich fragte, wie es ihm gehe. „Danke", antwortete er, „wir haben viel Arbeit." Er hatte eine große Familie; aber die Kinder waren noch klein. Nur zwei waren soweit, daß sie in der Landwirtschaft mithelfen konnten. Seine liebe Frau aber, eine überzeugte Christin, stand ihm treu zur Seite. Ich lud ihn freundlich ein, er möchte doch am Sonntag auch zur Tauffeier kommen, es sei ja nicht so weit. Da lächelte er und sagte: „O ja, da bin ich gerne dabei. Ich habe acht von den Täuflingen zum Heiland führen dürfen."

Wie war ich erstaunt! Wo bringt denn der Mann die Leute her? Ich wußte, daß er mit Entschiedenheit in der Nachfolge Jesu stand, aber lesen konnte er nicht. Wie hat er denn die acht Bewerber unterrichtet? Dazu hat er so viel Arbeit, daß er doch kaum noch Zeit findet, den Leuten nachzugehen. Es war mir ein Rätsel. — Weil die Taufbewerber so abgelegen wohnten, konnten sie nicht auf der Station unterrichtet werden; aber wenn sie sich taufen lassen wollten, mußten sie über die christlichen Grundwahrheiten gut Bescheid wissen. Der gläubige Landwirt muß sich viel Mühe und Zeit genommen haben, sie zu unterrichten, und nicht nur das, die Taufbewerber müssen gelernt haben, ihr Leben auf allen Gebieten in Ordnung zu bringen und unter die Führung des Heiligen Geistes zu stellen.

Ganz verwundert fragte ich ihn: „Ja, sag einmal, wie hast du das gemacht mit deiner großen Arbeit in der Sommerszeit? Wann gehst du denn zu den Leuten?" — „Ja", antwortete er, „tagsüber kann ich nicht gehen. Ich habe viel Arbeit. Um meine große Familie zu ernähren, muß ich fleißig arbeiten. Dann gehe ich eben in der Nacht. Und weißt du", fuhr er fort, „die Leute wohnen weit verstreut in den Bergen. Da muß man zuerst ins Tal hinuntergehen, dann auf der anderen Seite den Berg hinan, bis man zu den Häusern der Taufbewerber kommt."

„Wann gehst du denn ins Bett?" erkundigte ich mich, „und

wann schläfst du denn?" — „Ja, zum Schlafen bleibt mir nicht viel Zeit. Wenn ich Seelen werben will, muß ich das in Kauf nehmen. Manchmal schlafe ich zwei Stunden, aber vielmals komme ich gar nicht dazu, ins Bett zu gehen, sonst gibt es keine Seelen für Jesus." —

Ich stand da und schämte mich vor der aufopfernden, hingebenden Liebe dieses chinesischen Gläubigen, der viel mehr tat, als wir tun konnten. Da kommt man sich lässig und träge vor, auch wenn man meint, man habe viel gearbeitet. Der Mann war kein angestellter Missionar; aber ein wahrhaftiger Zeuge Jesu Christi. Fröhlich fügte er noch bei: „Bei der nächsten Taufe habe ich, so Gott will, noch einmal sechs." Seine Augen leuchteten, als er mir das sagte.

So hatten wir in China treue Gotteskinder, die durch viel Not gehen mußten, aber unentwegt Seelen warben. Auch dieser Mann ging durch große Not und hatte viel Verfolgung zu leiden. Einmal hat er mir gesagt: „Du, mir geht es beinahe wie dem Hiob." — Er klagte nie; aber ich merkte, daß er vieles zu leiden hatte; doch das alles war nebensächlich dem Auftrag des Herrn gegenüber. Wenn nur noch möglichst viele Menschen für Jesus gewonnen werden können!

Die Gläubigen in China gingen von dem Standpunkt aus: Eine Seele in einem Jahr ist das allerwenigste, was man dem Heiland bringen kann. Darum waren sie so fest darauf aus, im Jahr mindestens einen Menschen zu Jesus zu führen. Wie wahr ist das Wort: *„Gerettet sein bringt Rettersinn."*

Ich habe draußen oft an die Heimat denken müssen, wenn es da und dort hieß: „Ach, bei uns ist harter Boden. Da ist nichts oder nicht viel zu machen." — „Ja", frage ich, „warum ist denn der Boden so hart? — Weil er noch nicht aufgeweicht worden ist mit Tränen der Gläubigen, die Not haben um Verlorene?!"

Wir werden einmal staunen in der Herrlichkeit, wenn wir Verklärte treffen werden, die hier auf Erden nicht viel gegolten haben, aber in brennender Liebe den Verlorenen nachgegangen sind. Sie werden glänzen wie die Sterne immer und ewiglich (Dan. 12, 3).

„O Herr, sei gepriesen für deine wunderbare Güte, die du an den Menschenkindern beweisest. Hab Dank für alle, die du dir zu Zeugen gemacht hast. Wenn sie auch arm und elend sind, so sind sie doch Geliebte und Erwählte, die deinen Ruhm verkündigen. Wir loben deinen hochheiligen Namen, du herrlicher Heiland, du Erlöser und Seligmacher."

Verfolgungszeit und Krieg in der Stadt

Wir hatten eine schwere Verfolgungszeit durchzumachen. Einige Male mußten wir fliehen vor den Kommunisten. Später wurde unsere Stadt belagert, und wir hatten dreißig Tage lang innerhalb und außerhalb der Stadtmauer Krieg. Granaten wurden in die Stadt geschleudert und viele Häuser zerstört. Alle Häuser, die außerhalb der Stadt an die Stadtmauer gebaut waren, waren schon vor der Belagerung abgebrochen worden, um dem Feind die Chance des Eindringens zu erschweren. Auch die Brücke war teilweise zerstört. Der Oberst, der die Stadt zu verteidigen hatte, wollte sie ganz niederbrennen. Aber Gott hat es nicht zugelassen.

Es herrschte große Not in der Stadt. Es war kein Feuerholz und kein Gemüse mehr erhältlich. Die Leute mußten hungern. Die Toten konnten nicht mehr begraben werden, was soviel bedeutete wie der Ausbruch einer schrecklichen Epidemie. Wir schrien unablässig zu Gott und baten um sein Eingreifen.

Da, eines Tages wurden die Belagerer weggerufen, um anderswo zu kämpfen. Damit war der Krieg vorläufig vorüber.

Ach, wie froh waren die Leute, wieder einmal aus der Stadt gehen zu können. Die Felder und die freie Luft, alles war so unglaublich schön, daß man sich herzlich freute nach der bangen 30tägigen „Gefangenschaft“, wo man nicht einmal mehr das Haus verlassen durfte.

Wir waren von allerlei Kämpfen umtobt und mancher Gefahr durch Räuber und Kommunisten und mancher Verfolgung ausgesetzt; aber wir danken dem Herrn. Er hat uns durch die Not hindurchgeholfen. Mit Freuden durften wir in das Lied einstimmen:

Auf Adlers Flügeln getragen
übers brausende Meer der Zeit,
getragen auf Adlers Flügeln
bis hinein in die Ewigkeit,
über Berge und Täler und Gründe,
immer höher zur himmlischen Höh'.
Die Flügel sind stark, die mich tragen,
die Flügel, auf denen ich steh!

Und unter denselben Flügeln,
wie wunderbar ruhe ich aus!
Da ist meine Zufluchtsstätte,
mein festes, sichres Haus.
Der Feind mag über mir kreisen
und zielen und spähn, wie er will:
Die Flügel sind stark, die mich decken,
und unter den Flügeln bleibt's still.

Ja, unter den Flügeln geborgen
und auf den Flügeln bewahrt,
das gibt ein seliges Ruhen,
das gibt eine glückliche Fahrt,
das gibt ein sicheres Wissen
bei wechselnder Pilgerschaft;
denn unter den Flügeln ist Frieden,
und auf den Flügeln ist Kraft.

O wie herrlich ist doch der Herr. Wir preisen ihn und loben seinen heiligen Jesusnamen.

Im Außendienst

In Yüanchow lebten wir in einer ummauerten Stadt. Nun kamen eines Tages die Räuber und bedrohten die Stadteinwohner. Da wußte man, daß am Abend die Stadttore schon vor Einbruch der Dunkelheit geschlossen werden mußten, damit die Räuber keine Möglichkeit hatten, nächtlicherweise in die Stadt zu dringen und Schaden anzurichten.

Nun konnten die Leute, die außerhalb der Stadt wohnten, unsere Abendversammlungen nicht mehr besuchen. Da ließ sich nichts machen.

Darum ging ich zum Missionar und sagte: „Drüben über dem Fluß außerhalb der Stadt ist ja auch eine kleine Halle und dabei steht sogar noch ein chinesisch gebautes Häuslein mit einem ausländisch ausgebauten Stockwerk. Dort hat schon einmal eine Schwester gewohnt. Dürfte ich nicht über die Neujahrszeit (welche in China 14 Tage lang gefeiert wird) dorthin gehen, um Versammlungen zu halten?"

Zusammen mit einem Missionsehepaar durfte ich also für die bevorstehenden Festtage des chinesischen Neujahrs in die Huang-chia-kai (Straße der Familie Huang) ins Häuslein neben der kleinen Halle ziehen. Die ganzen 14 Tage hielten wir jeden Abend einen Gottesdienst, an dem etliche Leute teilnahmen. Wir durften sogar die Freude erleben, daß eine Familie ihre Hausgötzen verbrannte. Dazu erhielten wir noch einige Taufbewerber.

Nun fiel es mir begreiflicherweise fast schwer, wieder in die Stadt zu ziehen und die lebendige kleine Gemeinde allein zu lassen. Ich bat, ob ich nicht ganz übersiedeln dürfe, um die Arbeit selbständig weiterzuführen. Es wurde mir erlaubt. Welche Freude für mich. Jetzt durfte ich das kleine Häuslein beziehen.

Allerdings war ich dort nicht mehr so geschützt vor den Räubern, wie ich es innerhalb der Stadtmauern gewesen wäre. Außerhalb der Stadt war alles vogelfrei für die Räuber. Nur die der Stadt am nächsten liegenden Häuser hatten noch militärischen Schutz. Dieser reichte bis zwei Häuser vor die Halle; aber ich fürchtete mich nicht. Ich dachte: „Ich bin ja vogelfrei beim Herrn Jesus. Er bewahrt mich und hält seine Hand über mir, daß mir nichts zustoßen darf, als was er zuläßt."

Also zog ich mit Freuden in die Hung-chia-kai um. Oh, da gab's viel zu sehen und viel zu lernen und viele Besuche zu machen. Dazu kamen den ganzen Tag Leute, um sich die Halle zu besehen und allerlei Fragen zu stellen. So mußte ich immer bereit sein, und das machte mir große Freude. Neben der Halle war ein kleines Gärtchen und ein großer Hof, über welchen man zu meinem Häuslein gelangte.

Es war alles wunderschön. Ich habe mich unbeschreiblich gefreut, einmal selbständig eine Arbeit zu tun und auch von hier aus meine Reisen zu den Außenstationen zu unternehmen. Daneben besuchte ich auch oft meine lieben Geschwister in der Stadt, um mich mit ihnen zu freuen und mich ihren Gebetsstunden anzuschließen. Meistens war ich samstags und sonntags bei ihnen, sofern ich nicht auf Reisen war.

Ich hatte auch eine Frau bei mir, die mir gerne im Haushalt helfen wollte, damit sie viel in der Bibel lesen konnte. So war immer jemand bei der Halle, und ich konnte kommen und gehen, wie ich wollte.

Wieder einmal verreiste ich, um irgendwo eine Bibelwoche zu halten. Von dort ging's noch weiter zu einem andern Dienst. Plötzlich brach in der Gegend Krieg aus, so daß ich keine Nachricht mehr nach Hause senden konnte.

Ich hätte noch eine oder zwei Außenstationen weiterkommen sollen — die entfernteste lag vier Tagereisen weit weg —, aber ich mußte des Krieges wegen in Ueping bleiben.

Der Postverkehr war gänzlich abgebrochen, und als die Geschwister keine Nachricht mehr von mir erhielten, bekamen sie es mit der Angst zu tun.

Aber nicht nur sie, sondern auch ich erhielt keine Nachrichten mehr. Niemand wußte, wo ich mich aufhielt, und ich konnte des Krieges wegen den Ort nicht allein verlassen.

Zu Hause befürchteten sie Schlimmes. Ob ich wohl den Räubern oder gar den Kommunisten zum Opfer gefallen sei?

Missionar Steybe, der Stellvertreter von Missionar Becker, und Missionar Baer machten sich auf den Weg, um mich zu suchen. Sie waren voll Dankbarkeit Gott gegenüber, als sie mich in Ueping wohlauf fanden, und nun war ihr Wunsch, baldmöglichst wieder heimzugehen; aber wir wurden des Krieges und auch des furchtbaren Regens wegen verhindert. Wir hätten sieben Flüsse durchqueren sollen; aber bei diesem Regen war das praktisch ausgeschlossen für alle, die nicht schwimmen konnten.

So reisten wir in anderer Richtung ins Kweichow-Gebiet weiter. Da hörten wir eines Tages von großer Räubergefahr.

Wir flehten zum Herrn um seine Hilfe und Bewahrung und bekamen das Wort aus Jesaja 41, 5: „Und der Herr Zebaoth wird Jerusalem beschirmen, wie die Vögel tun mit Flügeln, schützen, erretten, darin umgehen und aushelfen."

Kraft dieses wunderbaren Gotteswortes zogen wir getrost weiter. Gott hat seine Verheißung eingelöst und uns wunderbar ans Ziel gebracht. In Kweiyang, welches in einer anderen Provinz lag, wurden wir herzlich willkommen geheißen von unseren Geschwistern, die dort im Dienst standen. Wir machten zusammen verschiedene Besuche in der Umgebung und besuchten auch einige der nächst liegenden Stationen. Wir kamen nach Hung-kiang und freuten uns zu sehen, wie der Herr überall am Wirken war und segnete.

Es war für uns eine große Bereicherung, auch andere Stationen und andere Geschwister in der Arbeit kennenzulernen und mit ihnen verschiedene Fragen zu besprechen und gegenseitigen Trost und Gebetsunterstützung zu verspüren.

Von da ging's per Boot weiter. Wir mußten ja versuchen,

auf einem Umweg wieder nach Yüanchow zurückzukehren. Die herrliche Bootsfahrt dauerte anderthalb Tage. Wir durften zwischenhinein immer wieder aussteigen und noch andere Stationen besuchen.

Nachdem die Brüder gesehen hatten, daß es mir gut ging, ließen sie mich unterwegs auf einer neu geöffneten Außenstation zurück, wo ich einen Dienst zu versehen hatte. Sie selbst zogen mit froher Zuversicht nach Hause zurück, wo sie alles erzählen konnten.

Schon von Anfang an hatte ich eine erlebnisreiche Zeit auf der Außenstation.

Während einer Versammlung hieß es plötzlich, ein Mann im Ort sei umgebracht worden. Als die Versammlung vorüber war, hörte man Genaueres. Der Mann war noch nicht tot, aber schwer verletzt. Er wurde von einem Unbekannten angefallen, als er schon in seinem Bette lag und schlafen wollte. Der Täter wußte, daß sein Opfer, erst 14 Tage verheiratet, das Geld, das er für die Hochzeitsfeier geborgt hatte, zurückzahlen wollte und das Geld bei sich im Hause hatte.

Nicht lange nach der Versammlung kam ein Mann zu mir, der im gleichen Hause wohnte wie ich, und bat mich um Hilfe. Er habe große Herzschmerzen. Gerne war ich ihm behilflich. Ich hatte gerade etwas dabei und gab ihm die gewünschte Medizin.

Wie erschrak ich aber, als kurz darauf Männer ins Haus eindrangen, um den Mann abzuholen. Ich traute meinen Augen und Ohren kaum, als ich erfuhr, daß der Mann mit dem rasenden Puls der gesuchte Mörder war. Und noch mehr erschrak ich, als ich bestätigt fand, daß er im gleichen Haus wohnte wie ich. Ich hatte ja gar nicht geahnt, in welch großer Gefahr ich stand; aber nun begriff ich gut, warum das Herz des Täters so fest zu schlagen anfing. Das schlechte Gewissen und eine schreckliche Angst verfolgten ihn.

So kann man oft Dinge erleben, daß man in größter Gefahr steht und es selbst nicht einmal weiß. Und manchmal ist es gut, daß man es nicht weiß.

Aber das muß ich schon sagen: All die Nöte und Ängste, die wir oft durchzumachen hatten, griffen die Nerven kolossal an. Wie gut, daß wir auch unsere Nerven in Gottes Hand wissen durften.

Wie nötig ist es, sich ganz in Gottes starke Arme fallen zu lassen und weder rechts noch links zu schauen, sondern mutig den Weg weiterzugehen, ein Opferleben zu führen und dem Herrn zur Verfügung zu stehen, daß er tun kann, was ihm beliebt. Das ist es, was Paulus an die Römer schreibt: „Ich ermahne euch nun, liebe Brüder, durch die Barmherzigkeit Gottes, daß ihr eure Leiber begebet zum Opfer, das da lebendig, heilig und Gott wohlgefällig sei, welches sei euer vernünftiger Gottesdienst. Und stellet euch nicht dieser Welt gleich, sondern verändert euch durch Erneuerung eures Sinnes, auf daß ihr prüfen möget, welches da sei der gute, wohlgefällige und vollkommene Gotteswille" (Röm. 12, 1. 2).

Durch Gefahren hindurch

„Behüte mich wie einen Augapfel im Auge, beschirme mich unter dem Schatten deiner Flügel" (Ps. 17, 8).

Ich war viel unterwegs, als ich den Dienst auf den Außenstationen versah. Zu Hause sagte man mir: „Du kommst ja nur, um Auf Wiedersehn zu sagen." — Das sagte man mir später in Deutschland auch, weil ich immer wieder davoneilte. —

So war ich wieder einmal unterwegs auf einer Missionsstation und freute mich, den Leuten zu dienen, ihnen vom Herrn Jesus zu sagen, ihnen zu helfen. Ich hatte große Freude, als ich sah, wie viele die Versammlungen besuchten; am meisten freute mich, wenn neue Seelen für Jesus gewonnen werden durften.

Nun brach bei der Station plötzlich ganz unerwartet ein Straßenkampf aus. Das war zwar nichts Seltenes, aber trotzdem nichts Ungefährliches. Da sagte mir der Herr Jesus, ich solle den Ort sofort verlassen.

Unverzüglich gehorchte ich dem Auftrag und zog aus. Ich hatte gar nicht gemerkt, daß die Soldaten schon damit beschäftigt waren, Leute gefangenzunehmen. Ich kam an einer ganz vornehmen Dame vorbei, die bitterlich weinend dastand. Ganz gerührt trat ich zu ihr und fragte höflich: „Warum weinst du, was hast du?" — Kaum hatte ich sie angeredet, sah ich zu meinem großen Erschrecken Soldaten kommen. Die riefen mir laut zu: „Geh weg, und laß die Frau allein."

Nun merkte ich, daß die Frau eine Gefangene war und ich selbst in großer Gefahr stand, auch gefangengenommen zu werden; doch Gott in seiner großen Liebe erbarmte sich über mich, daß mir kein Leid geschah.

Ich weiß nicht, was sie mit der weinenden Dame gemacht haben. Ob sie sie als Geisel mitgenommen haben, um sie gegen ein hohes Lösegeld wieder freizugeben? — Ich erfuhr es nie.

Von dort ging ich weiter und kam auf eine neue Außenstation. Wieder fühlte ich, daß ich in Gefahr war. Es drohte erneut Krieg auszubrechen in unserer Stadt Yüanchow, und ich wäre doch so gerne vorher noch zu meinen Lieben zurückgegangen.

Getrost zog ich weiter und warf alle meine Sorgen auf meinen geliebten Herrn.

Eines Morgens wurde ich mit dem Wort aus Micha 2, 13 aufgeweckt: „Es wird ein Durchbrecher vor ihnen herauffahren; sie werden durchbrechen und zum Tor ausziehen; und ihr König wird vor ihnen her gehen und der Herr vornean."

Ich wußte, daß ich sofort aufzubrechen hatte, wenn ich noch vor Kriegsausbruch unsere Stadt erreichen wollte. Ich fand niemanden, der mir mein Gepäck und meine Koffer tragen konnte. Ich sagte zu meinen Gastgebern, ich lasse das Gepäck abholen, sobald sich eine Möglichkeit dazu biete.

Ich eilte so schnell ich konnte der Stadt zu. Unweit vom Stadttor traf ich die ersten Soldaten, die mich anhielten und fragten, wo ich hin wolle. „Es ist unmöglich", sagten sie, „daß du noch in die Stadt kommst. Du mußt draußen bleiben und darfst auch nirgends mehr hingehen. Vor zwei Stunden hat der Krieg begonnen."

Ich war ganz sprachlos vor Überraschung und Entsetzen und wußte nicht mehr weiter. Zurückgehen konnte ich nicht, sonst wäre ich den Räubern in die Hände gefallen, denn ich wußte, daß, sobald irgendwo Krieg ausbricht, die Räuber sich im Hintergrund aufhalten, um zu plündern und zu rauben, wo immer es eine Gelegenheit dazu gibt. Ich begehrte nicht, von den Räubern gefangengenommen zu werden.

Ich sandte ein Stoßgebet zum Himmel: „Herr, was soll ich denn tun? In die Stadt gehen kann ich nicht; in mein Häuslein außerhalb der Stadt gehen kann ich auch nicht mehr, der Räuber wegen. Sag du mir, wo ich mich hinwenden soll." — Kanonenschüsse ließen die Erde erbeben, Kugeln sausten durch die Luft — und ich stand schutzlos auf der Straße.

„Ach lieber Heiland", schrie ich in meiner großen Not, „du weißt, daß der Torhüter und seine Eltern irgendwo hier herum wohnen, aber ich kann mich gar nicht orientieren, in welcher Richtung ich gehen muß. Bitte, sende mir Hilfe, daß ich so rasch wie möglich Schutz finden kann."

Unerwartet rasch tauchte der Vater des Torhüters auf und war ganz erstaunt, mich da anzutreffen: „Ja, wo kommst du denn her?" fragte er. „Komm schnell zu uns, wir verbergen dich."

Mit großer Dankbarkeit folgte ich dem Mann in das schützende Haus, wo ich von der Frau ganz herzlich willkommen geheißen wurde.

„Du bist hier bei uns in großer Gefahr", begann der Mann. „Wenn der Krieg nachläßt und aufhört und die Krieger aus der Stadt herauskommen, könnten sie dich gefangennehmen und als Geisel wegführen. Deshalb graben wir jetzt ein Loch, daß du dich verstecken kannst. Und zwar muß das Loch groß genug sein, damit wir uns alle darin verbergen können."

Also gruben die Leute in ihrem Haus ein tiefes Loch, so tief, daß sie den Grundwasserspiegel erreichten. Dann stellten sie ein kleines Bänklein hinunter, wohin ich mich im Gefahrenmoment flüchten konnte. Das Loch war jetzt groß genug, daß wir im Notfall alle Platz hatten darin.

Wir mußten uns auf alles gefaßt machen. Weder vor den Räubern noch vor den Soldaten war man sicher. Ich habe oft genug miterlebt, wie es aussah, wenn Räuber in Häuser eindrangen und Hab und Gut mit sich schleppten, oder wenn Soldaten, sobald der Krieg etwas nachließ, die Häuser plünderten und oft ganze Orte niederbrannten. Aber auch das gehörte mit zu unserem Dienst. Das war mein Wahlspruch. Ich war ja so glücklich, daß der Herr mich in das Haus der Torhüterfamilie gebracht hatte und daß ich hier vor der ärgsten Gefahr beschützt war. Die Leute waren sehr lieb zu mir. Nachts habe ich mit der Frau zusammen unter einer Wattedecke geschlafen. Tagsüber und auch nachts war es furchtbar heiß, da es Hochsommer war. Ich hatte gar nichts bei mir als ein Taschentuch, womit ich Tag und Nacht den Schweiß abtrocknen mußte. Kleider wechseln konnte ich auch nie, da ja mein Gepäck zurückgeblieben war. Ich hatte nichts als das Reitkleid, das ich trug.

Tag und Nacht mußten wir darauf gefaßt sein, ins vorbereitete Loch zu verschwinden.

Unser Haus war direkt neben dem Kriegsschauplatz. An der Seite des Hauses war eine Kanone aufgestellt, die den Auftrag hatte, die Stadt zu beschießen. Nun hatten aber die Kanoniere zuerst die Distanz zur Stadt zu kurz eingestellt und schossen in die Reihen ihrer eigenen Truppe.

Einer der Schwerverletzten wurde an unsere Tür gebracht. Der arme Mann war am Sterben. Wir halfen ihm, so gut wir konnten; aber es war entsetzlich, wie das knallte und donnerte von all den Schüssen.

Dazu kam noch, daß wir fast kein Wasser mehr erhielten. Wir hatten nur eine Wasserschüssel, die für die fünf Familienglieder, für 20 Soldaten und noch für hergebrachte Verwundete ausreichen mußte. Noch nie in meinem Leben habe ich so gedankt für jeden Tropfen Wasser wie gerade da. Ich habe jeweils mein Taschentuch ein bißchen naß gemacht, um tagsüber ein wenig Linderung zu haben bei der großen Hitze. So etwas muß man erlebt haben.

Das waren Tage des Schreckens und der Not. Ich betete ohne Unterlaß für unsere Lieben in der Stadt, daß Gott seine schützende Hand über sie halten möge. Die Sorge um mein Gepäck und um mein Pferd trieb mich auch immer wieder ins Gebet. Wie gern hätte ich Waschlappen und Seife und auch andere Kleider bei mir gehabt, aber ich konnte nichts ändern an der Situation. Welche Überraschung für mich, als eines Tages ein Mann mit meinem Gepäck ankam. Ein Offizier sagte zu mir: „Ich bringe dich an deinen Ort, zu deinem Häuslein, wo du wohnst. Willst du dich mir anvertrauen?"

Ich wußte, daß der Offizier die Christen achtete, und ich glaube auch, daß er mich gut hinübergebracht hätte. So bedankte ich mich ganz höflich und erklärte ihm, der Mann, welcher mit meinem Gepäck gekommen sei, begleite mich hinüber. Auf großen Umwegen, durch Kugelregen hindurch, an vielen Häusern vorbei durfte ich zurückkommen zu meinem Häuslein. Unterwegs blieb ich öfters stehen und gab den Soldaten und auch den Bewohnern, die ich aus den Häusern rief, Traktate, weil ich dachte: „Vielleicht sterben die ja heute noch. Die müssen noch etwas von Jesus hören." — Ich kümmerte mich nicht mehr um die Kugeln. Ich sah nur noch die große Not vieler Menschen, die ohne lebendige Hoffnung dem Tod ins Antlitz schauen mußten. Viele unter ihnen nahmen die Schriften dankbar ab, und etliche waren sehr hungrig nach Gottes Wort und begehrten, von Jesus zu hören.

Als ich endlich zu meinem Häuslein kam, war es schon ganz besetzt. Ich mußte zuerst einen Platz ausräumen lassen, damit ich einziehen konnte.

Auch hier durfte ich Gottes bewahrende Hand in reichem Maße erleben. Ich konnte nirgends abschließen, es war alles geöffnet. Wie leicht hätte mir da etwas zustoßen können; aber mein treuer himmlischer Vater ließ es nicht zu.

Ich freute mich, wieder genug Wasser zu haben, um mich zu waschen. Mit großer Dankbarkeit genoß ich es, trinken zu dürfen in dieser großen Hitze.

Ich war auf dem Kriegsschauplatz und im Feldlazarett, und die Soldaten in ihrer großen Not baten mich, ihnen von Jesus zu sagen, was mir große Freude bereitete.

Täglich kamen Soldaten zu meinem Häuslein und erzählten mir, was sie zu tun vorhatten, um die Stadtmauer zu stürmen. Die große Brücke war schon abgebrochen. War ich froh, daß ich wieder zu Hause war. Etwa nach einem Monat kam dann noch Familie Missionar Steybe wohlbehalten bei mir an. Zu dieser Zeit waren Bruder Becker und seine Frau auf Urlaub.

Nach zwei Monaten schrecklicher Kämpfe bekam ich die Verheißung: „Sollte aber Gott nicht auch retten seine Auserwählten, die zu ihm Tag und Nacht rufen, und sollte er's mit ihnen verziehen? Ich sage euch: Er wird sie erretten in einer Kürze" (Luk. 18, 7. 8).

An dem Tage sagten die Soldaten, die ja nichts von der Verheißung wußten, zu mir: „Hör mal, Missionarin, jetzt sagen wir dir nicht mehr, was wir machen; jetzt machen wir etwas, das niemand wissen darf, aber dann kommen wir in die Stadt, und morgen kommst du auch in die Stadt."

Was sie getan haben, weiß ich nicht, nur das eine wußte ich, daß Gott hält, was er verspricht, und daß er uns retten wird.

Als ich in der Morgenfrühe des nächsten Tages von meinem Zimmer auf die Stadt hinüberblickte, konnte ich außerhalb des Westtors sieben Brände feststellen, und dann gewahrte ich zu meinem Schrecken auch, daß es bei unsern Geschwistern brannte. Ich konnte nichts tun, als zu Gott schreien. Es tat mir furchtbar weh, und doch mußte ich an das denken, was die Soldaten mir am Tage vorher gesagt hatten: „Morgen wirst du in die Stadt kommen."

Die Soldaten haben sich den Zugang zur Stadt erkämpft, ich weiß nicht wie, und dann durften wir in die Stadt hinüberziehen.

Die Geschwister auf unserer Station haben uns später erzählt, wie sie mit Gottes Hilfe das Feuer löschen konnten auf der Station. Wie glücklich waren wir, noch alle am Leben zu finden, und gemeinsam feierten wir eine Lobes- und Dankesstunde.

Es ist wunderbar, wie der Herr helfen und erretten kann. Er hat uns erleben lassen, was er in Psalm 91 sagt: „Er begehrt mein, so will ich ihm aushelfen; er kennt meinen Namen, darum will ich ihn schützen. Er ruft mich an, so will ich ihn erhören; ich bin bei ihm in der Not; ich will ihn herausreißen und zu Ehren bringen."

Gelobt sei sein heiliger Name.

Ein Götzenpriester bittet um Traktate

Als ich wieder einmal auf einer Außenstation diente, sandte mich der Herr Jesus zu einem Götzenpriester. Ich wollte gerne gehorchen, aber es war mir doch ein wenig bange, dahin zu gehen.

Als ich zu dem Mann kam, empfing er mich zu meiner Überraschung sehr freundlich. Er wußte ja, wer ich war und wußte, daß ich gegen seinen Götzenglauben predigte, daß ich einen lebendigen Gott verkündigte.

Ganz freundlich fragte er mich: „Hast du keine Traktate oder irgendein Gotteswort zum Lesen?" — „Oh", entgegnete ich, „das habe ich schon; aber das willst du ja gar nicht hören. Du betest ja die Götzen an und befiehlst den Leuten, dasselbe zu tun."

Darauf antwortete der Priester: „Ich glaube ja selber nicht, was ich tue. Ich bin nur deshalb Götzenpriester geworden, weil ich sonst nichts zum Leben habe."

„Es gibt aber bestimmt noch viele andere Möglichkeiten, sein Brot zu verdienen", entgegnete ich ihm, „da braucht man nicht Götzenpriester zu werden und zu bleiben."

Er bekannte mir, wie unglücklich er sei und vor allem dann, wenn er zu den Sterbenden gehen müsse, um ihnen tröstend zu versprechen, daß er für sie die Hölle öffnen werde, wenn sie in die Hölle kämen, um sie wieder herauszuholen. „Und ich glaube ja selbst nicht daran, daß man das kann. Das ist ja unmöglich, jemanden wieder aus der Hölle zu holen, wenn er gestorben ist. — Aber wenn du mir Traktate hast, will ich sie gerne lesen. Vielleicht werde ich dann auch ein anderer Mensch."

Ob er ein anderer geworden ist, weiß ich nicht. Jedenfalls habe ich ihm Traktate gegeben, für die er sich herzlich bedankte.

Ich sagte ihm nochmals mit ganzem Ernst: „Es gibt noch andere Aufgaben, als daß man Götzen anbetet und den Leuten etwas verkündigt, was man selbst nicht glaubt."

Er versprach mir, seinen Dienst aufzugeben. Wie weit er mit diesem Vorsatz kam, weiß ich nicht. Ich habe ihn nie mehr gesehen und nie mehr von ihm gehört; aber ich traue es dem Herrn zu, daß er durch sein Wort zu ihm geredet hat.

Ein solcher Götzenpriester war ein seltener Fall; aber doch haben wir es erleben dürfen, wie der Herr einzelne Götzenpriester herausrettete. Ihm ist eben nichts unmöglich, dem großen, lebendigen, herrlichen Gott. Er ist der Sieger von Golgatha. Gelobt sei sein heiliger Name.

„Elisabeth, du wirst von niemandem borgen"

Es war für uns in China eine schwere Zeit, als in Deutschland der Krieg ausbrach. Wir erhielten Nachricht, daß man uns kein Geld mehr senden könne. Das war keine kleine Not. Von was sollten wir leben? — Wir wußten schon, daß der Herr für uns sorgt; aber irgendwo mußte doch das Geld herkommen.

Geschwister Becker waren in Urlaub gegangen. Der stellvertretende Missionar eröffnete uns, es bleibe nichts anderes übrig, als daß man das am dringendsten benötigte Geld aus der Waisenhauskasse entlehne, solange Vorrat sei.

Ich hatte bereits meine Wohnung bezogen. Da sagte mir der Missionar, ich solle zu ihnen zum Essen kommen, da ich ja kein Geld habe, um selber etwas zu kaufen und zu kochen. Aber der Herr Jesus sagte zu mir: „Elisabeth, du wirst von niemandem borgen."

Ich bedankte mich herzlich für das Anerbieten und die Einladung, ins Missionshaus zum Essen zu gehen, aber ich lehnte es ab.

Was jetzt? — Mein Glaube wurde auf die Probe gestellt. Von den Chinesen, die zum Teil selbst in ganz armen Verhältnissen lebten, konnte ich keine Hilfe erwarten.

Zu meiner großen Überraschung erhielt ich nach wenigen Tagen von meiner ehemaligen Englisch-Lehrerin in Schanghai einen Brief, welchem sie einen Geldbetrag beigelegt hatte. „Im Auftrag des Herrn habe ich Ihnen das zu senden", stand unter anderem geschrieben.

Von ganzem Herzen dankte ich meinem treuen Herrn und Heiland für seine wunderbare Hilfe und sein Eingreifen.

Das Geld reichte aus für die ganze Zeitspanne, während welcher unser Gehalt von der Heimat ausfiel. Wie dankbar und froh war ich, daß ich meinem Heiland vertraut habe und von niemand borgen mußte.

Es war mir ein inniges Anliegen, allezeit sofort auf die Stimme meines Heilands zu hören und ohne Verzug seinem Auftrag nachzukommen, was immer er von mir haben wollte.

Ich weiß, daß ich dadurch meinen Heiland erfreut habe, und ich selbst hatte die größte Freude daran.

„O Herr, hab Lob und Dank. Du bist ein treuer Versorger deiner Kinder und willst, daß wir uns ganz nach deinem Worte richten. Ich danke dir, daß du hältst, was du versprichst. Preis und Ruhm sei dir in Ewigkeit. Amen."

Die „gestorbene" Chinesenfrau, die ich noch gerne sprechen wollte

In unserer Stadt hatte ich öfters eine Frau besucht; aber leider drang sie nicht recht zum Glauben durch. Sie wußte vieles vom Herrn Jesus, sie wollte glauben; sie war der engen Pforte nahe. Mit Gottes Hilfe wollte ich ihr den Weg noch besser erklären; damit sie in den Besitz der Gewißheit der Vergebung der Sünden kommen könnte.

Nun mußte ich aber plötzlich auf eine Außenstation gehen und konnte die Frau nicht länger besuchen und mit ihr sprechen.

Als ich von meiner Reise zurückkehrte, kam Nachricht, die Frau sei gestorben, wir möchten mit den Waisenhauskindern zum Singen kommen. Sie war ja keine Heidenfrau mehr, und ihr letzter Wunsch war, christlich beerdigt zu werden.

Ich war sehr betrübt, als ich erfuhr, daß sie gestorben sei, weil ich wußte, daß sie noch nicht so ganz zum wahren Glauben an Jesus Christus durchgedrungen war.

Und nun war schon die Einladung da zum Abschiedsingen. Es war sehr schwer für mich, an ihr Totenbett oder zu ihrem Sarg zu gehen, wo ich ihr doch noch so manches hatte sagen wollen, damit sie nicht ungerettet hätte sterben brauchen.

Ich weinte bitterlich und sagte zu meinem Herrn: „Ach lieber Heiland, das tut mir doch so weh, so weh; ich muß doch noch etwas reden mit der Frau, ich muß ihr ja noch so manches sagen von dir."

Die Mädchen vom Waisenhaus wurden zum Singen geschickt. Ich sagte ihnen: „Geht voraus, ich komme nach, und dann singen wir miteinander. Singt aber nur schon bis ich komme." — An einer christlichen Totenfeier in China wird am Totenbett oder am Sarg ein Lied nach dem andern gesungen. —

Die Mädchen gingen also weg, um zu singen. Als ich unterwegs war, kamen mir die Mädchen ganz aufgeregt entgegen. „Ja, seid ihr nicht am Singen?" fragte ich sie. „Warum kommt ihr schon wieder, wir müssen doch singen." — „O Missionarin", entgegneten sie, „wir haben uns dermaßen entsetzt! Als wir neben der gestorbenen Frau sangen, öffnete sie plötzlich ihre Augen und guckte uns an. Da bekamen wir es mit der Angst zu tun und rannten davon." — „Was", rief ich erstaunt, „die Augen aufgemacht? Ist sie denn nicht gestorben? — Kommt nur mit mir", ermunterte ich die Mädchen, „wir wollen schauen gehen. Wenn sie die Augen wieder aufmacht, dann singen wir ihr andere Lieder."

Und tatsächlich, die Frau hatte ihre Augen geöffnet, als ich kam. Sie war tief bewußtlos gewesen, und das bezeichnen die Chinesen auch als „tot". Nun war sie aus der Bewußtlosigkeit wieder erwacht. Wie freute ich mich. Jetzt konnte ich ihr doch noch sagen, was ich sagen wollte, damit sie Jesus als ihren persönlichen Heiland annehmen konnte und gerettet in die Ewigkeit gehen durfte. Ich konnte mit ihr reden; sie war noch ganz klar und verstand alles. Ich erzählte ihr von Jesus, und die Mädchen sangen Hoffnungs- und Heilslieder. Die Grablieder konnte man für später aufsparen; jetzt aber mußte noch ein Freudenfest gefeiert werden. Plötzlich ging der Frau ein Licht auf, und sie wurde ganz verändert, ganz froh und glücklich.

Ich sagte zu den Angehörigen, die nicht aus dem Staunen

herauskamen: „Die Frau ist ja steif und kalt. Holt mal Wärmflaschen, soviel ihr findet, oder auch heiße Steine, damit sie sich wieder erwärmen kann."

Rasch führten sie den Auftrag aus, und bald kehrte wieder Wärme in den bereits erstarrten Leib zurück.

Ich konnte noch lange mit ihr reden, und die Mädchen sangen ihr viele ermunternde Lieder. Die Frau wurde so fröhlich und glücklich, daß ich die feste Überzeugung hatte, daß Jesus in ihr Herz eingekehrt war.

Als wir uns nach längerer Zeit verabschiedeten, sagte ich zu ihr: „Auf Wiedersehen im Himmel." Sie dankte und freute sich, bald in den Himmel gehen zu dürfen.

Froh und erleichtert kehrte ich mit den Mädchen nach Hause zurück.

Wir waren noch nicht lange zu Hause, als ein Bote ankam und mitteilte, die Frau sei jetzt richtig gestorben, wir sollen zum Singen kommen. Da mußten wir fast lachen, als wir hörten, sie sei jetzt richtig gestorben.

„O du treuer, wunderbarer Herr und Heiland, wie hast du doch auch hier so herrlich geholfen. Dir ist kein Ding unmöglich. Dir vertrauen wir und danken dir für deine Liebe. Amen."

In ständiger Gefahr

Wieder einmal mußten wir der Kommunisten wegen die Stadt verlassen und sieben Tagereisen weit flüchten über hohe Berge. Unterwegs begegneten wir Tausenden von Soldaten, die zum Teil viele Tagesmärsche weit hergekommen waren, um unsere Stadt und unser Gebiet vor den Kommunisten zu schützen. Wir kamen zu lieben Geschwistern, zu Familie Strauß, wo wir während fünf Wochen bleiben durften.

Auch Weihnachten haben wir dort gefeiert. Es war trotz allem ein Fest der Freude.

Als wir uns auf den Heimweg machten, kamen wir in schwieriges Gelände, das vom großen Regen sehr stark aufgeweicht war; aber trotz der Not und vielen Hindernisse kamen wir wieder wohlbehalten nach Hause.

Es war uns eine Genugtuung zu wissen, daß unser „Besuch" bei den entfernten Geschwistern für sie eine Stärkung bedeutete, und auch wir kehrten reich getröstet wieder in unsere Stadt zurück.

Wir mußten nur staunen, wie wunderbar uns der Herr durch all die mannigfaltigen, schweren Gefahren hindurchgebracht hat. Voll Lob und Dank durften wir immer wieder staunend anbeten. Ja, es ist wahr, daß der Hüter Israels nicht schläft und nicht schlummert (Ps. 121).

Ein andermal flüchteten Geschwister von drei benachbarten Stationen zu uns, so daß wir insgesamt 21 Missionare und 5 Kinder bei uns hatten. Auch diese gemeinsam verbrachte Zeit durfte uns allen zum großen Segen gereichen. Das unsichere Leben auf den Stationen hin und her, die immer drohendere Kommunistengefahr war etwas, das uns viel Not bereitete, und doch, es war eine Zeit der Erziehung, in der viele Verheißungen, die Gott gegeben hat, an uns persönlich Wirklichkeit werden durften.

Ich möchte jedenfalls allen ganz herzlich danken, die in der schweren Zeit, kurz bevor der Ausreisebefehl an uns erging, viel für uns gebetet haben. Wir durften erleben, daß wir von Gebeten getragen wurden.

Bei andern Geschwistern hat Gott es in seiner heiligen Liebe zugelassen, daß sie den Märtyrertod sterben mußten. Er gab ihnen Kraft, aus Liebe zu ihm in den Tod zu gehen. — Sie erwarten uns schon droben, und wenn wir hier unten nicht verstehen, warum er die einen so, die andern anders geführt hat, werden wir doch alle anbetend staunen und seinen großen Namen in Ewigkeit preisen.

Ein kleines Chinesenmädchen wird erhört

Ein vornehmer alter Herr hatte ein kleines Töchterchen, das ganz allein aufwachsen mußte. Die Kleine suchte in ihrer Umgebung nach Gesellschaft, um sich ein bißchen freuen zu können. So kam sie auf einem ihrer Streifzüge zu einer ganz armen Frau, die sich mit dem Anfertigen von Strohschuhen ihren Lebensunterhalt verdiente. Sie war eine liebe alte Christin, die vom ersten Augenblick an eine große Liebe hatte zu dem kleinen Mädchen. Die Kleine fand großen Gefallen an ihrer neuen „Großmutter" und saß oft an ihrer Seite, schaute ihr zu und ließ sich von ihr die schönen Geschichten von Jesus erzählen.

Obwohl der Vater des Kindes ein ganz strenger Buddhist und Götzenanbeter war, ließ er seinen kleinen Liebling gewähren.

Die gegenseitige Liebe zwischen der „Großmutter" und dem kleinen Mädchen wurde immer inniger. Welch ein großer Schmerz, als die „Großmutter" eines Tages schwer krank wurde und so von Kräften kam, daß es aussah, als würde sie bald Abschied nehmen. Die Kleine war untröstlich und weinte am Bett der Sterbenden ganz bitterlich: „Ach Großmutter, du darfst nicht sterben. Ich bin so gerne bei dir und möchte immer zu dir kommen. Gelt, du stirbst nicht."

Da das Mädchen von der lieben Schuhmacherin schon recht viel von Jesus vernommen hatte, wußte sie auch, daß man mit Jesus reden kann und ihm alles sagen darf. So kniete die etwa Fünfjährige am Bett ihrer schwerkranken „Großmutter" nieder und bat den Heiland, er solle die liebe Großmutter nicht sterben lassen, er könne sie ja heilen. Und — o Wunder, Gott erhörte das Gebet der Kleinen. Die Großmutter wurde wieder gesund, und das kleine Mädchen durfte sich weiterhin an den schönen Besuchen erfreuen.

Der vornehme Herr hat mir die Geschichte selbst erzählt und dabei fest betont: „Denk nur, mein kleines Mädchen hat für diese Frau gebetet, und euer Gott hat das Kind erhört, trotzdem mein Töchterchen noch kein Gotteskind ist; aber sie hat bei der Christin beten gelernt."

„Was willst du dann tun", fragte ich den Herrn, „wenn dein Kind den Heiland immer lieber gewinnt und an ihn glaubt?" Darauf gab er ganz überlegt zur Antwort: „Daß mein Kind von dem großen Gott, zu dem ihr betet, erhört wird, hat mir gezeigt, daß ich ihm die Besuche bei der Christin nicht verbieten darf. Das Kind soll glauben dürfen, was es will in seinem späteren Leben. Ich werde es nicht daran hindern, Christin zu werden, aber eines verlange ich, daß es das, was es tut, ganz tut. Dann freue ich mich. Ich habe gesehen, daß euer Gott der lebendige Gott ist, wenn er das Gebet eines so kleinen Mädchens achtet."

Ich war tief beeindruckt, das Zeugnis dieses Buddhisten über sein Mädchen zu hören. Ich freute mich ganz herzlich, daß die Kleine weiterhin unverboten von Jesus hören durfte. Im stillen hoffte ich auch, daß durch die Hingabe des kleinen Mädchens der strenggläubige Vater noch zum Glauben kommen könnte.

Ich kam dann nicht mehr an diesen Ort, hörte auch nichts mehr von dem alten Herrn und seinem Töchterchen, aber ich hoffe und glaube, daß der Herr das Kind gebraucht hat, um seinem Vater den Weg zu Jesus zu zeigen.

Ja, auch Kinder können schon Zeugen des Heilands sein und können sich beweisen als solche, die ihn liebhaben.

O daß wir es alle lernen würden, unserem Herrn zu vertrauen, wie Kinder es tun. Es ist mir sehr wichtig, was wir in Matthäus 18 lesen: „Zu derselben Stunde traten die Jünger zu Jesus und sprachen: Wer ist doch der Größte im Himmelreich? — Jesus rief ein Kind zu sich und stellte das mitten unter sie und sprach: Wahrlich, ich sage euch: Es sei denn, daß ihr euch umkehret und werdet wie die Kinder, so werdet ihr nicht ins Himmelreich kommen" (V. 1—3).

„Herr, lehre uns kindlich glauben und dir vertrauen, daß unser Leben dich verherrliche. Amen."

Der Räuberüberfall auf dem Boot

Eines Tages bestieg ich das Boot, um auf eine Außenstation zu reisen. Ich sah, daß man auch einen Sarg aufs Boot brachte.

Viele Männer waren im Mittelraum versammelt, und etliche Frauen befanden sich schon in einem andern Raum. Ich grüßte und sagte: „Ach, wie ernst ist es, daß hier ein Sarg ist."

Aber das macht ja den Chinesen nicht so viel aus wie uns. Sie haben ihre Särge schon früh im Hause, damit sie es nicht vergessen, daß sie einmal in einen Sarg kommen. Das ist für sie sehr wichtig.

Unterwegs erzählte ich den Frauen von Jesus, und damit die Männer, die im angrenzenden Raum Karten spielten, auch etwas hören konnten, redete ich sehr laut.

Da rief einer der Männer: „Störe uns bitte nicht beim Spielen." Gut, ich hörte auf und verteilte noch allen ein Traktat. Keiner der Männer nahm mir eins ab, nur einer, von dem ich wußte, daß er früher gläubig gewesen und leider wieder abgekommen war.

Es war sehr heiß auf dem Schiff, und ich fühlte mich sehr schläfrig. Da ich meine Wattedecke bei mir hatte, legte ich mich ein wenig schlafen. Ich schlief gut. Plötzlich wurde ich von einer Frau gerüttelt. Sie rief: „Wach auf!" Als ich aufwachte, merkte ich, daß etwas nicht ganz in Ordnung war.

Die Männer waren nicht mehr da, und dann mußte ich mit jähem Schrecken feststellen, daß Räuber auf dem Boot waren. Nun kamen sie zu den Frauen, um deren Sachen zu durchstöbern und mitzunehmen, was ihnen wertvoll schien.

Die Frauen drückten sich in ihrer großen Not alle ganz dicht an mich heran und sagten: „Bitte, hilf uns, Missionarin, hilf uns!" Ich antwortete ihnen: „Ich habe euch von Jesus erzählt. Ihr wißt Bescheid, und jetzt könnt ihr ihn anrufen. Wenn ihr zu Jesus betet und ihn um Hilfe bittet, wird er euch erhören.“ Da haben Heidenfrauen, die bis dahin in ihrem Leben noch nie gebetet hatten, unter Tränen den Namen des lebendigen Gottes angerufen.

Die Räuber traten heran und befahlen: „Koffer aufmachen!“ Sofort machte ich meinen Koffer auf und sagte: „Bitte, hineinsehen.“ Da schauten mich die Räuber an und entgegneten: „Deinen Koffer wollen wir nicht sehen.“ Ob sie mir wohl ansahen, daß bei mir nichts Wertvolles zu suchen war? Oder ob es die bewahrende Hand meines Heilandes war, die sie zurückhielt? Ich kann es nicht sagen.

Das Boot wurde gegen die Flußmitte gesteuert, damit niemand an Land flüchten konnte. Ich fragte eine Frau, wo denn all die Männer hingekommen seien. Da legte sie nur den Finger auf den Mund. Nur noch ein Mann saß da, und zwar ausgerechnet derjenige, der mir das Traktat abgenommen hatte. Als die Räuber das Traktat in seiner Hand erblickten, ließen sie ihn sein; aber alle andern haben sie weggeführt. Ob sie sie getötet oder als Gefangene abgeführt haben, konnten wir nicht herauskriegen.

Unter den Frauen war eine ganz vornehme, reichgekleidete Dame. Hätten sie die erkannt, dann wäre sie höchstwahrscheinlich als Gefangene abgeführt worden. Die Dame drängte sich auch mit allen andern Frauen hilfesuchend hinter mich. Ganz schnell zog ich ihr das schöne Obergewand aus und versteckte es hinter mir; so hat niemand gesehen, daß sie eine reiche Dame war.

Der Herr hat wirklich sichtbar geholfen, und alle Frauen waren dankbar, daß der lebendige Gott eingegriffen hat.

Als wir nach langer Reise endlich die nächste Station erreichten, wurden wir von vielen Leuten erwartet, die sehen wollten, wer noch am Leben sei. Wie ein Lauffeuer war die Kunde vom Bootsüberfall schon durchs Land gegangen. Angehörige der Passagiere waren da, um ihre Lieben in Empfang zu nehmen. Da sagten die Frauen zu mir: „Weil du auf dem Boot warst, ist uns nichts geschehen.“ Auch die

Leute, die am Ufer standen, bestätigten: „Missionarin, weil du dabei warst, hat dein Gott diese bewahrt." — Wie freute mich das Zeugnis, das diese Heidenfrauen meinem Gott und mir ausstellten.

„Ja, das hat der lebendige Gott getan", sagte ich. „Und deshalb bitte ich euch jetzt alle, mit mir in die Halle zu kommen und zuzuhören, was dieser große Gott und sein Sohn Jesus Christus für uns getan hat." — Die Frauen kamen und hörten mit großem Interesse zu, und ich glaube, daß später manche zum Herrn Jesus gekommen ist.

So wunderbar hat der Herr die Sache gewendet, daß ich nur staunen mußte.

Ihm sei Ehre und Preis dafür.

Der Christ, der Taufbilder abreißen ließ

Zu der Zeit, als sich die Kommunisten in unserer Gegend und auch in unserer Stadt befanden, bangte ein Christ, der in der Stadt wohnte, sehr um sein Leben. Sein Taufbild und die Taufbilder etlicher gläubiger Familienglieder hingen im Wohnzimmer anstelle des in China üblichen Hausgötzen und des Götzenaltars. Da mußten ja die Kommunisten auf den ersten Blick sehen, daß hier Christen zu Hause waren. In seiner Angst befahl er seiner noch nicht gläubigen Schwiegertochter: „Reiß die Bilder ab und tu sie weg, damit wir nicht umgebracht werden, wenn die Kommunisten kommen."

Die Schwiegertochter erwiderte: „Ach, laß doch das, Vater, die sind ja so schön. Da kann uns doch nichts geschehen." Er aber beharrte darauf, die Bilder müßten sofort verschwinden. Nochmals versuchte die junge Frau abzuwehren und sagte: „Vater, dein Gott, an den du glaubst, kann dir doch helfen, daß die Kommunisten uns nichts tun dürfen."

Leider hörte der Mann nicht auf seine Schwiegertochter. Sie als Ungläubige hatte beschämenderweise mehr Glauben als der getaufte Christ. Er ließ ihr keine Ruhe, bis sie wider ihren Willen die Bilder wegnahm. Sie tat es mit großem innerem Schmerz. Nun war der Mann „glücklich“ und brauchte nicht mehr um sein Leben zu bangen.

In den Straßen ging der Krieg weiter. Die Kommunisten verteidigten die Stadt wie eine Festung, und von draußen versuchten die Regierungstruppen mit aller Gewalt einzudringen.

Als der betreffende Mann eines Tages sein Haus verließ, um eine Besorgung zu machen, traf ihn auf der Straße eine Gewehrkugel ins Knie. Verwundet blieb er liegen. Mehrere Tage hat man versucht, ihm zu helfen; aber die Wunde schien unheilbar, und plötzlich starb er ganz unerwartet.

Das war eine gewaltige und ernste Sprache Gottes. Trotzdem die Bilder weggeräumt waren, ist der Mann ums Leben gekommen. Die Angehörigen waren alle tief erschüttert. Sie merkten ganz deutlich, daß sich mit Gott nicht spielen läßt. Wir waren sehr betrübt, als wir von dem Vorfall hörten. Ich hoffe sehr, daß alle Familienglieder, die noch nicht gläubig waren, Jesum angenommen haben.

Viele konnten aus der Geschichte eine wichtige Lehre ziehen. Ganz neu hat sich Jesu Wort bestätigt, das er seinen Jüngern sagte: „Wer da sucht, seine Seele zu erhalten, der wird sie verlieren; und wer sie verlieren wird, der wird ihr zum Leben helfen“ (Luk. 17, 33).

Teh-en in der Hundehütte

Zur Zeit der schweren Hungersnot hat ein Prediger entdeckt, daß ein kleines Mädchen nachts in einer Hundehütte schlief, um sich an den kleinen Hündlein zu wärmen. Als die Leute des Ortes die seltsame Geschichte erfuhren, sagten sie zum Prediger: „Wenn du gläubig bist, dann erbarm dich über dieses Kind.“

Das ließ er sich nicht zweimal sagen und nahm das kleine, halbverhungerte Geschöpflein zu sich. Schätzungsweise konnte es etwa fünf Jahre alt sein; aber das Kind war so schmächtig, daß man wirklich nicht recht wußte, wie alt es sein mochte. Dazu kam noch, daß es nicht reden konnte. War es stumm? — Der Prediger war sehr traurig. Nun hatte er das Kind liebevoll aufgenommen und mußte entdecken, daß es stumm war. Darüber waren seine Frau und er sehr betrübt.

Als ich auf diese Außenstation kam, erzählte mir die Predigersfamilie die Geschichte von der Kleinen. Ich rief das scheue, kleine Mädchen zu mir und untersuchte ihren Hals. Soweit ich's beurteilen konnte, war alles in Ordnung und normal. Ich konnte allerdings nicht sagen, ob die Möglichkeit zum Redenkönnen bestehe oder nicht; aber ich dachte mir, es könnte auch eine Folge der langen Unterernährung sein. Das Kind schien ja nur Haut und Knochen zu haben. Die Predigersfrau sagte mir: „Oh, das Kind ist schon ganz dick im Gegensatz zu seinem Aussehen, als es zu uns kam. Wir haben ihm den Namen Teh-en gegeben." — Teh bedeutet erhalten und en bedeutet Gnade. Teh-en hatte also Gnade erhalten. Sie war ein Gnadenkind. — Ich beobachtete, daß sie jedenfalls gut hörte, sonst hätte sie ja auf nichts reagiert, was man zu ihr sagte.

Ich nahm mir vor, die Kleine sprechen zu lehren und sagte ihr laut und deutlich verschiedene Worte vor: „Sag das mal", munterte ich sie fröhlich auf, aber sie brachte keinen Laut heraus. Sie lächelte nicht, und mit nichts war herauszubringen, ob sie eine Stimme hatte oder nicht.

Wenn die Predigersfrau, die der Kleinen eine liebende Mutter geworden war, zu ihr sagte: „Hol mir dies oder jenes in der Küche", lief sie schnell und brachte den gewünschten Gegenstand.

Teh-en war ein liebes, gehorsames Kind, aber sprechen konnte sie nicht. Und doch konnte ich mich damit noch nicht abfinden. Immer wieder versuchte ich auf die eine oder andere Weise, der lieben Kleinen einen Laut zu entlocken. Ich bot ihr unter anderem auch einen Apfel an und fragte:

„Willst du den Apfel? Wenn du ja sagst, bekommst du ihn." Aber ich erhielt keine Antwort darauf, und sie mußte auf den Apfel verzichten.

Je länger ich auf der Außenstation war, desto lieber gewann ich die kleine Teh-en, und ich merkte, daß auch sie mich sehr liebhatte. Wenn Versammlung war, holte sie ganz schnell ein Bänkchen und brachte es ganz nahe zu meinem Stuhl, um möglichst nahe bei mir zu sitzen. Hat sich aber dann jemand anders auf ihr Bänkchen gesetzt, holte sie rasch ein zweites und stellte es auf die andere Seite und setzte sich neben mich hin. Ich dachte: „Jetzt hab ich es gewonnen."

Als wir wieder einmal zur Versammlung gingen, die Teh-ens Pflegevater hielt, sagte ich zu meinem kleinen Liebling: „Wenn du neben mir sitzen willst, dann mußt du auch mitsingen. Willst du mitsingen?" — Als Antwort nickte sie mit dem Kopf. „Wenn's hoch geht", fuhr ich fort, „dann singst du hoch, und wenn's tief geht, dann singst du tief." — Ich wollte nur sehen, ob sie überhaupt einen Laut von sich geben konnte und ob sie eventuell dank der guten Pflege nun ihre Stimme wieder zurückerhalten hatte.

Die Versammlung begann. Wir sangen ein Lied, das wirklich hoch hinaufging. Ich stieß Teh-en mit dem Arm an und sagte ihr ermunternd: „Teh-en, sing, versuch's einmal!" Und auf einmal hörten wir einen ganz hohen Schrei, daß wir alle erschraken. „Da haben wir's", dachte ich für mich, „Teh-en hat also doch eine Stimme." — Als wir tiefer sangen, gab die Kleine nochmals einen Schrei von sich, aber diesmal einen tiefen. Alle Leute, die um die Not der kleinen Teh-en wußten, freuten sich ganz herzlich an ihren beiden Schreien. Das war das erste Mal, daß sie einen Laut von sich gegeben hatte. Das herzige Mädchen war bei allen sehr beliebt, und darum war auch die Freude um so größer.

Nach der Versammlung nahm ich die Kleine zu mir und fing an, sie sprechen zu lehren. Und wirklich, sie hat sprechen gelernt. War das eine Freude für alle und vor allem für ihre lieben Pflegeeltern. Die Leute waren ganz beglückt, daß nun die liebe kleine Teh-en mit ihnen sprechen konnte. Sie war ein vernünftiges, ernstes, aber herziges Mädchen.

Eines Tages bat sie ihren „Vater", den Prediger: „Bitte Vater, bringe mir doch das Lesen bei. Ich möchte es so gerne lernen, damit ich dir nachher besser helfen kann." — Sie war ja noch nicht im schulpflichtigen Alter; aber dank ihrem guten Auffassungsvermögen lernte sie rasch und gut lesen. Als sie lesen konnte, bettelte sie noch weiter: „Gelt, Vater, du unterrichtest mich auch im Katechismus." Auch diese Bitte wurde dem verständigen Mädchen gewährt.

Als einmal die Großmutter auf Besuch kam, sagte die Kleine zu ihr: „Großmutter, setz dich nur mal hin, ich will dir helfen, den Katechismus zu lernen." Sie konnte der alten Frau mit einer beachtenswerten Ausdauer einen Satz etwa zwanzigmal vorsagen, bis diese ihn fehlerlos wiederholen konnte. So war unsere liebe Teh-en schon eine kleine Lehrerin, bevor sie nur zur Schule ging. Alle, besonders auch die alten Leute, hatten ihre helle Freude an dem aufgeweckten, freundlichen, geduldigen Mädchen.

Später kam dann Teh-en in unser Waisenhaus, wo sie sich bald heimisch fühlte und sich als die fleißigste und dankbarste Schülerin auszeichnete. Wenn ich sie gelegentlich mal antraf, freuten wir uns herzlich. Wenn ich sie fragte: „Wem gehörst du, Teh-en?", dann gab sie ganz spontan zur Antwort: „Ich gehöre dir." Wie freute ich mich, ein kleines, liebes Mädchen zu haben, das mir gehörte. Ich wußte ja gut, daß es nicht mir gehörte, aber es hatte mich immer noch sehr lieb. Das Kind war als treue Nachfolgerin ein Zeugnis für alle.

Teh-en gedieh und wurde ein großes, schönes Mädchen. Ich hoffe, daß, wenn Teh-en noch lebt, sie vielen Menschen ein Segen sein darf.

Nie wollen wir vergessen, was Jesus gesagt hat: „Und wer ein solches Kind aufnimmt in meinem Namen, der nimmt mich auf" (Matth. 18, 5).

„Lasset die Kindlein zu mir kommen und wehret ihnen nicht, denn solcher ist das Reich Gottes“ (Mark. 10, 14).

Der Traum an meinem Geburtstag

An meinem Geburtstag hatte ich einen Traum. Vor mir stand ein schwarzer Sarg und drei Frauen dabei. Eine war meine Tante, die bei uns zu Hause wohnte, die andere meine Mutter und die dritte meine kleine Schwester, die alle drei schon in der Herrlichkeit sind.

Sie standen an dem Sarg in schwarzen Kleidern, ihre Hände gefaltet. Ich sagte mir: „In dem Sarg kann niemand anders liegen als mein lieber Vater, den der Herr heimholt.“ Genau wußte ich es aber nicht. Weil gerade Jahresschluß war, hatte ich das neue Losungsbüchlein schon und schaute nach, was an meinem Geburtstag stand fürs neue Jahr. Und da fand ich unter anderem die Worte:

„Wird mir durch Grabeshügel
der klare Blick verbaut,
so gib der Seele Flügel,
daß sie hinüberschaut.“

Also doch ein Grab! Der Herr hat es mich wissen lassen, damit ich darauf gefaßt sei, da ich ja nicht nach Hause fahren konnte, um mich bei meinem lieben Vater zu verabschieden.

Nach ein paar Monaten teilte mir meine zweite Mutter mit, Vater liege schwerkrank im Spital und werde wohl bald sterben. Schnell schrieb ich einen Abschiedsbrief an meinen Vater, und mit der gleichen Post ging auch ein Brief an eine Freundin fort, worin ich sie bat, baldmöglichst einen Strauß weißer Nelken oder weißer Rosen zu meinem Vater zu bringen als Gruß von mir.

Dann bat ich den Herrn, er solle doch helfen, daß beide Briefe noch rechtzeitig nach Deutschland kämen. Jesus hat mein Gebet über Bitten und Verstehen erhört.

Später teilte mir nämlich meine Mutter mit, daß sonst jeder Brief sechs Wochen gebraucht habe; aber die beiden Briefe an Vater und an die Freundin hätten nur drei Wochen gebraucht und seien noch gerade angekommen, bevor Vater gestorben sei. Wie Gott das gemacht hat, ist mir ein Rätsel. Jedenfalls ist ihm nichts unmöglich.

In ihrem Brief berichtete mir Mutter über die Beerdigung. Beiliegend fand ich noch ein Bild von meinem lieben Vater im Sarg und einen Abschiedsbrief, den er ganz kurz vor seinem Sterben extra noch für mich geschrieben hatte.

Es war fast zu schwer, alles miteinander fassen und innerlich verarbeiten zu können.

Doch unser Gott ist ein Gott alles Trostes. Er hat mich durch seine Liebe wunderbar getröstet in meinem Leide. Welche Freude, wissen zu dürfen, daß ich meinen Vater wiedersehen werde beim Herrn. Seine letzten Worte waren: *„Ich weiß, daß mein Erlöser lebt"* (Hiob 19, 25).

Von ganzem Herzen dankte ich meinem vielgeliebten Herrn für sein Besorgtsein um sein Kind, für seine Bewahrung und sein Durchtragen.

„O Herr, ich danke dir für dieses Gott-Erleben, für diese Freude, die du mir bereitet hast, für deinen Trost. Gelobt seist du in Ewigkeit! Amen."

„Der Tod ist verschlungen in den Sieg. Tod, wo ist dein Stachel? Hölle, wo ist dein Sieg? Gott aber sei Dank, der uns den Sieg gegeben hat durch unsern Herrn Jesus Christus!" (1. Kor. 15, 55.57).

„Das muß man dem Herrn Jesus sagen"

„Aus dem Munde der Unmündigen und Säuglinge hast du Lob zugerichtet" (Matth. 21, 16).

Ein kleiner Junge von ungefähr neun bis zehn Jahren kam

regelmäßig zu uns zur Versammlung. Eines Tages bekam er ein Brüderlein. Die Freude in der Familie war sehr groß. Doch leider wuchs dem kleinen Brüderlein nach drei Tagen ein böses Geschwür am Halse. Nach Aussage aller war das eine ganz hoffnungslose Angelegenheit. Die Bekannten sagten, der Kleine würde sterben. Die Eltern und Verwandten waren nicht gläubig und suchten ihre Hilfe bei den Götzen; aber von dort kam keine Hilfe. Die Mutter war trostlos und weinte bitterlich. Sie mußte, wie weh es ihr auch tat, alle Hoffnung auf Genesung aufgeben.

Der Junge, der regelmäßig zu uns kam, hatte den Herrn Jesus schon liebgewonnen und versuchte nun, seine liebe Mutter zu trösten. „Mama", sagte er zu ihr, „warum weinst du so sehr? Warum bist du so traurig?" — „Weil dein kleines Brüderlein sterben muß und wir es wieder hergeben müssen", schluchzte die Mutter. „Nein, Mama", erwiderte der Knabe, „mein Brüderlein braucht nicht zu sterben. Das darf man doch dem Herrn Jesus sagen, der kann es wieder gesund machen." — „Ach", seufzte die Mutter, „ich kann nicht zu dem lebendigen Gott beten. Ich habe noch nie mit deinem Herrn Jesus gesprochen. Bete du, mein Junge, wenn du kannst."

Sofort begann dieser zu beten: „Danke, lieber Heiland, daß du mir ein Brüderlein geschenkt hast. Nun ist's aber so sehr krank geworden; aber es muß ja nicht sterben, weil du der große Arzt bist, der helfen kann. Bitte, lieber Heiland, heile mein Brüderlein. Nimm das böse Geschwür wieder weg. Ich danke dir von Herzen dafür, daß du es tust. Amen."

Sofort nach dem Amen schaute die Mutter nach dem Geschwür ihres kleinen Knäbleins. „Es ist immer noch da", sagte sie traurig.

„Jetzt brauchst du aber nicht mehr traurig zu sein, Mutter", ermunterte sie der vertrauensvolle Junge. „Ich habe es dem Herrn Jesus gesagt, und er hat auch gehört. Nun müssen wir es nur glauben, dann geht es weg."

Als die Mutter am nächsten Morgen ihr Kindlein auf die

Arme nahm, rief sie ihrem Jungen ganz laut: „Komm schnell, komm schnell!"

Rasch eilte der Junge herbei, wußte nicht, was los war, und wurde von der Mutter mit der Frage überrascht: „Auf welcher Seite war denn das Geschwür? — Es ist ja nicht mehr da!" Voller Freude rief sie es aus. Und nun dankte sie von Herzen, und ihr Junge dankte aus überströmendem Herzen seinem Heiland für die Hilfe.

Darauf kam die Mutter zu mir und erzählte mir alles und fügte bei: „Ich muß mich ja schämen vor meinem kleinen Jungen, der beten kann und Jesus kennt. Bitte, lehre mich beten und zeige mir den Weg zu eurem Gott, denn er ist der lebendige, der helfen kann. Die Götzen haben mir noch nie helfen können."

Von dieser Zeit an glaubte die Frau mit ganzer Hingabe an den lebendigen Herrn, dem alle Macht gegeben ist im Himmel und auf Erden. Sie kam fleißig zur Versammlung und war bald so fröhlich wie ihr kleiner Sohn, der Jesus vertraute und ihn liebte.

Ja, der Herr tut Wunder, und er ist groß und mächtig zu helfen.

Sag es Jesu, sag es Jesu!
Er ist ein Freund wohlbekannt.
Du hast sonst nimmer solchen Freund und Bruder.
Sag es Jesu allein!

„O wie danke ich dir, lieber Heiland, daß du wieder in wunderbarer Weise Menschenkinder zu dir gezogen hast, eine Mutter durch ihren kleinen Sohn, der dir vertraute. Du bist ganz herrlich und wunderbar in all deinem Tun. Gepriesen seist du, daß du das Kindlein geheilt hast und die Mutter zu dir gezogen hast aus lauter Güte. Preis sei deiner Liebe Macht! Amen."

„Folget mir nach; ich will euch zu Menschenfischern machen" (Matth. 4, 19)

Als die Kommunistengefahr immer größer wurde, mußten wir zu andern Geschwistern reisen. Dort trafen wir bereits eine ganze Schar weiterer Missionsleute, die aus dem gleichen Grunde hergekommen waren.

Unter all den vielen Erwachsenen befand sich auch ein kleiner Junge. Er war das einzige Kind inmitten so vieler Missionare. Zuerst hatte der Kleine große Freude, daß so viele Onkel und Tanten auf Besuch gekommen waren; aber die Freude wich bald, als er merkte, daß man sich keine Zeit nahm für ihn. Es gab ja so viel zu besprechen, daß man den lieben Kleinen, ohne bösen Willen, gar nicht beachtete.

Er tat mir richtig leid, als ich ihn so verlassen sitzen sah. Ich ging zu ihm und fragte: „Sag mal, hast du auch Bleisoldaten?"

„Ja, Tante", gab er zur Antwort. „Dann hol sie doch mal, dann wollen wir miteinander spielen", ermunterte ich ihn. Nun kam Leben in den Buben. Rasch brachte er die Krieger herbei, und bald begann etwas abseits vom Kreis der Großen eine ganz spannende Schlacht. Die Dragoner ritten stolz voraus und das Fußvolk hintendrein. Die Heere stießen aufeinander. Da gab es Tote, Gefangene und Verletzte. Der Junge war ganz im Element und versuchte als tapferer Feldherr, seinen Soldaten zum Sieg zu verhelfen.

Ich merkte gar nicht, wieviel es ihm bedeutete, daß ich mich ihm widmete. Die Tante, die mit ihm spielte, wurde für ihn sehr wichtig.

Ich hatte mir zur Gewohnheit gemacht, jeden Morgen in den Hof zu gehen, um etwas Bewegung zu erhalten, und sang dabei regelmäßig den englischen Chorus: „I will make you fishers of men, if you follow me" („Ich will euch zu Menschenfischern machen, wenn ihr mir nachfolgt").

Da der liebe Kleine alles, was ich tat, so wichtig nahm, wollte

seinen Vater, ihm das Lied zu erklären und es ihn auch zu
er unbedingt das Lied, das ich sang, auch lernen. Er bat
lehren. Er ging ja noch nicht zur Schule, aber trotzdem
wollte er das Lied auch lernen.

Nach vielen Jahren, als ich schon einige Zeit wieder zu Hause war, kam eines Tages ein junger Herr auf Besuch. Man sah ihm an, daß er Student war. Er streckte mir seine Hand entgegen und grüßte mich freundlich und sagte: „Schwester Elisabeth, kennen Sie mich noch?" Ich antwortete ganz verwundert: „Nein, ich habe Sie vielleicht irgendwo gesehen, aber ich könnte mich nicht mehr erinnern." Da begann er, den englischen Chorus zu singen: „Ich will euch zu Menschenfischern machen . . ."

Da ging mir plötzlich ein Licht auf. „Sind Sie etwa der Herr Soundso?" fragte ich erwartungsvoll.

„Nein, ich bin nicht der Herr . . . ich bin der . . .", und sagte mir seinen Vornamen. Er war es, der liebe Junge von damals mit den Bleisoldaten.

„Ach", rief ich aus, „das ist aber schön!"

Er erzählte mir nun, wie das Lied damals großen Eindruck auf ihn gemacht habe, und wie er von da an nur noch einen großen Wunsch gehegt habe, — einmal Menschenfischer zu werden.

Mir kamen die Tränen, als ich das hörte. Ich hatte ja keine Ahnung gehabt, daß Gott mich dort auf dem Missionsfeld bei jener Zusammenkunft gebraucht hatte, um dem Jungen den Weg zu weisen. Das war mir eine gewaltige Lehre.

„Jetzt bin ich auf der Universität", fuhr der junge Mann fort, „und werde, so Gott will, Pfarrer."

Hab ich mich riesig gefreut!

Seither habe ich ihn nicht mehr gesehen; aber schon lange wäre es mein Wunsch gewesen, ihn einmal zu besuchen. Er dient als Pfarrer in einer Gegend, wo ich nicht so hinkomme. Er hat auch eine liebe Frau und Kinder. Möge Gott sie und ihren Dienst reichlich segnen.

Ich habe etwas gelernt durch diese Geschichte: Wo immer man geht und steht, wird man beobachtet, und man beeinflußt auch die Mitmenschen, entweder zum Bösen oder zum Guten. — Was strahlen wir aus? — Was können die Menschen an uns sehen? — Helfen wir ihnen aufwärts oder abwärts? — Ist unser Leben ein Zeugnis, ein Ansporn, ein Vorbild für andere, oder bestärken wir andere in ihrer Gleichgültigkeit, Trägheit und Weltliebe?

Noch eines ist mir sehr wichtig geworden: Ich habe gelernt, daß auch Kinder ganz ernst zu nehmen sind. Ich hätte nie geglaubt, daß das, was ich machte, einem Kind so wichtig sein könnte.

Es ist so, wie Paulus den Korinthern schreibt: „Ihr seid unser Brief, in unser Herz geschrieben, *der erkannt und gelesen wird von allen Menschen*" (2. Kor. 3, 2).

Wir wollen Gott von Herzen bitten, daß unser Leben ihn verherrlicht, daß wir nicht für uns selbst leben und machen, was uns gefällt, sondern daß wir, von Jesus beschlagnahmt, uns ganz von ihm führen und leiten lassen bis in die äußersten Feinheiten unseres Lebens.

Wir werden beobachtet! — Was strahlen wir aus?

Nie wollen wir vergessen, welch große Verantwortung in Jesu Bergpredigtworten verborgen liegt, wenn er sagt: „Ihr seid das Salz der Erde; wo nun das Salz dumm wird, womit soll man's salzen? Es ist hinfort nichts nütze, denn daß man es hinausschütte und lasse es die Leute zertreten. Ihr seid das Licht der Welt. Es kann die Stadt, die auf einem Berge liegt, nicht verborgen sein. Man zündet auch nicht ein Licht an und setzt es unter einen Scheffel, sondern auf einen Leuchter; so leuchtet es denn allen, die im Hause sind. Also lasset euer Licht leuchten vor den Leuten, daß sie eure guten Werke sehen und euren Vater im Himmel preisen" (Matth. 5, 13. 16).

Die Bibelfrau, die nicht sterben konnte

„Warum darf ich nicht heimgehen, da ich doch sterbend bin?“ fragte eine liebe alte Bibelfrau, die lange Zeit bei uns gewesen war. Als ich sie besuchte, fand ich sie in den letzten Zügen. Ihre Schwiegertochter, die noch nicht gläubig war, sagte zu mir: „Ich kann gar nicht verstehen, warum die Mutter nicht sterben kann. Sie weint und jammert und möchte doch so gerne Abschied nehmen und ist nun schon tagelang am Sterben.“

Ich konnte es auch nicht verstehen; aber ich hatte irgendwie den Eindruck, als liege da noch etwas vor, was nicht geklärt sei. Die liebe sterbende Frau sagte zu mir: „Missionarin, ich kann nicht mehr leben und kann nicht sterben, und der Herr gibt keine Antwort.“ — Ich war sehr bewegt, als ich das hörte, und sagte teilnahmsvoll zu ihr: „Ja, ich will im Gebet einmal den Heiland fragen, ob irgend etwas vorliegt.“ Darauf wandte ich mich an die Schwiegertochter und bat sie: „Bitte, laßt mich allein in ein Zimmer gehen.“ Gerne erfüllte sie meinen Wunsch, und ich ging in dem Zimmer auf meine Knie und bat den Herrn Jesus, mir doch zu zeigen, warum er diese Schwester nicht heimhole. Ich fragte ihn, ob irgend etwas Ungeklärtes vorliege, und sagte dazu: „Lieber Heiland, du weißt ja selbst am besten, in welch trauriger Situation sich die Bibelfrau befindet. Bitte schenke du Licht und hilf du. Ich warte einfach so lange, bis du mir Antwort gibst.“

Der Herr in seiner großen Liebe und Barmherzigkeit hat wirklich auch Antwort gegeben. Es war da eine Sache bei der Frau, in welcher wir ihr nicht ganz getraut haben. Wir haben sie deswegen auch gefragt, ob alles in Ordnung sei. Ihre Antwort darauf war immer prompt und klar, es sei alles in Ordnung. Wir glaubten ihr gerne, und doch waren wir immer im Zweifel. Und jetzt, wie ich auf den Knien lag, zeigte mir der Herr, daß gerade in diesem Punkt etwas sei, was sie bis heute verleugnet habe, nicht bekannt und nicht gutgemacht. Darum könne sie nicht zur Ruhe kommen.

Der Herr Jesus hatte die Frau so lieb, daß er ihr noch eine Gelegenheit geben wollte, alles in Ordnung zu bringen. Nicht vergebens hat er am Kreuz einen so hohen Preis bezahlt; darum wollte er nicht, daß die Bibelfrau, die ihm so lange treu gedient und ihn wirklich aufrichtig und von ganzem Herzen liebhatte, noch verlorengehen müßte wegen einer verheimlichten Sünde.

Einerseits war ich gerührt über die Barmherzigkeit und unerforschliche Liebe Jesu, und andererseits wurde mir neu wieder bewußt, wie genau es geht beim Herrn. Es wird tatsächlich nichts Gemeines und Unreines Platz haben in Gottes Herrlichkeit. Ach, wie unsagbar traurig wäre es, wegen einer nicht in Ordnung gebrachten Sache betrogen vor der Himmelstür ankommen zu müssen.

Von Herzen dankte ich meinem Heiland für seine Liebe, daß er mir gezeigt hatte, wo es fehlte. Ich ging ans Krankenlager zurück und fragte die Bibelfrau: „Sag einmal, hast du irgendeine Sache auf dem Herzen, die du verheimlicht hast bis heute." — „O ja", brach es aus ihr heraus, „ich habe etwas noch nicht in Ordnung gebracht und ließ euch immer im Glauben, als wäre alles gut." Ich beobachtete dabei, wie sie, innerlich zerschlagen, ganz verzweifelt dreinschaute. Sie war selbst zu schwach, um noch persönlich hinzugehen und die Sache an Ort und Stelle zu regeln, und schreiben konnte sie auch nicht. — „Wärest du so lieb", fragte sie mich, „und würdest es, nachdem ich dir die Schuld bekannt habe, allen Geschwistern auf der Station sagen?" — Gerne versprach ich der Bibelfrau, ihren Wunsch zu erfüllen.

Dann kam die Beichte. Ich war so dankbar, daß sie alles sagte und nichts mehr zurückhielt.

„Ich werde es den Geschwistern mitteilen und sie auch in deinem Namen um Verzeihung bitten; aber jetzt will ich dir auch schon im Namen aller Stationsgeschwister sagen, daß wir dir alles vergeben haben."

Wir beteten gemeinsam und brachten die ganze Schuld zum Kreuz und dankten für das Blut Jesu, das er vergossen hat zur Vergebung all unserer Sünden. Die Bibelfrau erhielt die Gewißheit der Sündenvergebung und wurde ganz neu mit der Freude und dem Frieden im Heiligen Geist erfüllt. Sehr bald darauf durfte sie fröhlich und glücklich heimgehen. Es konnte sie nichts mehr zurückhalten. Sie durfte zu Jesus gehen.

Von Herzen gerne erfüllte ich den letzten Wunsch der lieben Schwester und legte den Geschwistern das Bekenntnis vor und sagte ihnen, daß ich ihr im Namen aller schon vergeben habe. — Und was noch viel größer ist: Jesus hat ihr vergeben und sie zu sich in seine Herrlichkeit geholt.

Wir priesen gemeinsam unseren hochgelobten Herrn und Heiland, der sich so treu über die Schwester erbarmt hat. Oh, er ist ein heiliger Gott, vor dessen Angesicht nichts verborgen ist; aber er ist auch ein gnädiger Gott, der keinen Gefallen hat am Tod des Gottlosen und am Tod unentschiedener Gläubiger. Wie treu ist er, daß er unserer Schwester noch die Möglichkeit gegeben hat, sich auszusprechen, — aber wer von uns weiß, ob er noch eine solche Möglichkeit hat auf dem Sterbebett? —

„Darum schau die Güte und den Ernst Gottes: den Ernst an denen, die gefallen sind, die Güte aber an dir, soferne du an der Güte bleibst, sonst wirst du auch abgehauen werden" (Röm. 11, 22).

Name voller Seligkeit

„... des Namen sollst du Jesus heißen, denn er wird sein Volk selig machen von ihren Sünden" (Matth. 1, 21).

Die liebe alte Mo-Po hatte eine ganz besondere Gnadenerweisung erlebt. Mit 94 Jahren hörte sie zum erstenmal von Jesus. Ein langes Leben des Götzendienstes lag hinter ihr; aber doch konnte sie das Gnadengeschenk der rettenden Liebe Jesu noch erfassen und wurde in ihrem hohen Alter von ganzem Herzen gläubig.

Wie hat sie sich kindlich gefreut, Gottes Kind zu sein, einen Erlöser zu haben, Gewißheit der Vergebung ihrer Sünden zu besitzen. Und am meisten freute sie sich, bald zu ihrem Heiland und Retter in den Himmel gehen zu dürfen.

Ihre Freude war ansteckend. Wir freuten uns von Herzen mit ihr.

Da sie eine von den wenigen Chinesenfrauen war, die ungebrochene Füße hatte, war sie trotz ihres vorgerückten Alters viel besser zu Fuß als viele jüngere. Sie fehlte in keiner Versammlung, obschon sie fast eine halbe Stunde weit zu gehen hatte.

Eines Tages machte ich ihr einen Besuch. Sie wohnte ja in unserer Stadt. Ihre Freude war groß, als sie mich erblickte. „Missionarin", redete sie mich an, „ich habe einen pao-peh (d. h. einen kostbaren Schatz), den darfst du sehen, weil du zu mir gekommen bist."

Ich war natürlich ganz Auge und Ohr zu erfahren, was bei der äußerlich armen, aber lieben alten Christin so kostbar sei. Neugierig blickte ich in der ärmlich ausgestatteten Wohnung herum und sah da einige Körbe, die mit aufgelesenen Ähren gefüllt waren. „Ist das dein pao-peh?" fragte ich, indem ich auf die Körbe zeigte. „O nein", gab sie zurück. „Das ist meine Nahrung. Ich habe sie selbst aufgelesen, und die Leute waren so freundlich und haben mir etwas liegen lassen auf dem Acker, daß ich so viele finden konnte."

Jetzt wurde ich auf ein großes Paket aufmerksam, das mit einem Tuch bedeckt auf dem Tisch stand. Das Tuch war noch mit einem Backstein beschwert. Das Ganze sah sehr sonderbar aus, und ich konnte mir gar nicht vorstellen, was es hätte sein können.

„Da drin ist mein Schatz", sagte sie ganz glücklich. „Den Backstein habe ich darauf gelegt, daß niemand vermutet, daß ich da etwas ganz Kostbares verborgen habe. Bitte setze dich", fuhr sie fort; „du mußt noch ein wenig warten, bis mein pao-peh zum Vorschein kommt." — Sie ging daran mit zitternden Händen, aber mit großer Erwartungsfreude, den Schatz auszupacken.

Unter dem Tuch kam eine Schachtel zum Vorschein. In der Schachtel lag etwas sorgfältig Eingewickeltes, dann kam wieder ein kleineres Paket zum Vorschein.

Zwischenhinein wandte sie sich zu mir und sagte, ich müsse noch ein wenig Geduld haben, es komme jetzt schon bald zum Vorschein. „Man-man-di (d. h. langsam)!“ Wir haben es lernen müssen, uns viel Zeit zu nehmen bei unseren lieben Chinesen. Da konnte man Geduld üben.

Von einem Päcklein ging es zum andern. Sie wurden immer kleiner und meine Erwartung und Spannung immer größer. Ich fragte mich, innerlich ganz verwundert, ein übers andere Mal: „Was mag wohl da drin sein?“

Als die freudigerregte Mo-Po fast nichts mehr in den Händen hatte, trat sie ganz nahe an mich heran und sagte: „Jetzt kommt es.“ Dann zog sie einen kleinen Zettel heraus, deutete mit dem Finger darauf und sagte mit großer innerer Bewegung: „Da steht der Name *Jesus* drauf. Das heißt Jesus, schau, das heißt Jesus“, fuhr sie mit überströmender Freude fort und konnte kaum aufhören, mir den Namen Jesus zu zeigen.

Immer wieder wiederholte sie es und konnte gar nicht satt werden, den teuren Jesusnamen auszusprechen. Ich muß bekennen, daß mich das tief berührt und gedemütigt hat. Kaum je in meinem Leben habe ich den Namen Jesu mit größerer Innigkeit aussprechen hören als von dieser alten Christin. Mir kamen die Tränen. Sie war so bewegt und erfaßt von diesem teuren Jesusnamen, daß ich mich fragen mußte: „Bin ich auch so bewegt, wenn ich den Namen Jesus lese?“

Das also war der pao-peh der alten Mo-Po. Ihr bedeutete der Name Jesus so viel, daß sie des teuren Namens wegen einen kleinen, abgegriffenen, oft ein- und ausgepackten Zettel hütete wie ein großes Vermögen.

Sie hat etwas erfassen dürfen von dem, was Paulus über

den Namen Jesus schreibt: „Darum hat ihn Gott auch erhöht und hat ihm einen Namen gegeben, der über alle Namen ist, daß in dem Namen Jesu sich beugen sollen aller derer Knie, die im Himmel und auf Erden sind" (Phil. 2, 9. 10).

Dann reichte sie mir den kleinen Zettel und sagte mir: „Da, lies selbst, was auf dem Blatt geschrieben steht. Ich kann ja nichts lesen als den Namen Jesus."

Für Mo-Po war der Name Jesus ein Heiligtum. Ja, er ist in Wahrheit der schönste, größte, teuerste Name, den es im Himmel und auf Erden gibt. Das hat ihr der Herr offenbart.

Und nun las ich das Gebet, das auf dem Blatt geschrieben stand. Ein Gebet, wie wir es den heilssuchenden Chinesen geben, um ihnen beim rechten Beten behilflich zu sein. Sie fürchten sich im Anfang sehr, sie könnten den Namen des lebendigen Gottes unwürdig anreden, darum wünschen sie sich eine solche Gebetshilfe. Je länger sie mit Jesus im Kontakt stehen, desto größer wird ihr Vertrauen zu Gott, so daß sie später mit eigenen Worten ihre Anliegen vor seinen Thron bringen.

So hat auch Mo-Po, als sie Jesus suchte, gebetet: „Herr Jesus, erlöse mich, sei mein Mittler, vergib mir meine Sünden." — Jesus hat ihr Gebet erhört, und sie hat Vergebung erhalten durch das vergossene Blut Jesu. O wie habe ich mich mit ihr gefreut, daß sie sich mit ihren 94 Jahren noch für Jesus entscheiden durfte.

Alles, was sie in den Versammlungen über Jesus erfuhr, machte ihr den Namen ihres hochgelobten Herrn nur noch größer. O daß doch auch uns dieser große Jesusname über alles gehen möchte!

„Als ich vernahm, daß Jesus mein Erlöser ist", erzählte mir Mo-Po, „räumte ich sofort auf mit meinen Götzen. Jetzt packe ich jeden Tag meinen pao-peh aus. Größeren Reichtum als den Namen Jesus habe ich nicht; aber schau, ich muß den Namen jedesmal wieder sorgfältig einpacken. Wenn jemand im Haus es wüßte, daß ich den Namen Jesus habe, würden sie ihn zerreißen; aber nein, sie sollen ihn nicht finden."

Jetzt begriff ich, warum Mo-Po das Ganze noch mit einem Backstein bedeckte. Ich staunte über die feine Klugheit der alten Frau. Ja, es ist wahr: „Gott lieben ist die allerschönste Weisheit."

Preis und Ruhm sei dem hochheiligen, teuren, herrlichen Jesusnamen, vor dem sich einmal alle Knie beugen werden.

Sag, kennst du wohl den wunderbaren Namen,
uns zum Heil von Gott gesandt?
Sein Lob erklingt hinaus in alle Welten,
über Meer und jedes Land.

Name über alle Namen, Jesus,
kein schöneren auf Erden gibt's;
in keinem andern Namen ist Erlösung,
nur in diesem Nam' ist Heil.

Der Name wie ein Morgenstern erstrahlet
über Not und Nacht der Welt,
er schenket Mut und neue Hoffnungsflamme,
die dann unsern Weg erhellt.

Den Müden und Verzagenden hienieden,
rings vom Untergang bedroht,
bringt er den langersehnten Himmelsfrieden
und erlöst von Sünd und Tod.

Wenn alle andern Namen einst verbleichen,
Jesu Name ewig bleibt,
sein Purpurglanz so wunderbar wird strahlen
bis in alle Ewigkeit!

Hast du die Predigt gesehen?

Unsere liebe Mo-Po hörte leider sehr schlecht. Sie verstand nur dann, was man sagte, wenn man ihr ins Ohr hineinschrie. Ich fragte sie einmal: „Hörst du denn, was gesprochen wird in der Versammlung?" — „O nein", gab sie zur Antwort, „ich verstehe kein Wort." Da war ich ganz überrascht und fragte weiter: „Ja, warum fehlst du denn nie in einer Versammlung, wenn du doch nichts hörst?" Ganz erstaunt über meine seltsame Frage antwortete sie: „Ich sitze doch unter dem Segen Gottes!"

Als Mo-Po wieder einmal im Gottesdienst war, kam sie nach demselben auf mich zu und fragte mich: „Hast du die Predigt gesehen?" — „Ich, die Predigt gesehen?" fragte ich ganz verwundert. „Ich habe die Predigt wohl gehört, aber nicht gesehen", sagte ich ihr. — „Was, du hast die Predigt nicht gesehen?" forschte sie weiter. — „Hast du sie denn gesehen?" fragte ich Mo-Po. Strahlend gab sie zurück: „Ja, ich habe die Predigt gesehen."

Nachdenklich ging ich nach Hause und fiel in meinem Zimmer auf die Knie und betete: „Lieber Heiland, wo fehlt es bei mir? Die alte Mo-Po, die erst drei Jahre Christin ist, hat die Predigt gesehen, und ich, die ich schon so viele Jahre dir nachfolge, habe die Predigt nur gehört. Hilf du mir bitte."

Als das nächste Mal Versammlung war, setzte ich mich so, daß ich Mo-Po und den Prediger zugleich sehen konnte. Ich mußte doch unbedingt herauskriegen, wie die Mo-Po die Predigt sieht, denn ich mußte mich darauf gefaßt machen, daß mich die alte Christin nach der Versammlung wieder fragen würde, ob ich die Predigt gesehen habe.

Als der Prediger über die Liebe Gottes sprach, strahlte sein ganzes Gesicht. Aber nicht nur des Predigers Gesicht leuchtete, sondern auch Mo-Pos Gesicht glänzte, und ein übers andere Mal nickte sie bestätigend dem Prediger zu. Jetzt hatte ich's herausgefunden, wie sie die Predigt sieht.

Als der Gottesdienst vorüber war, kam Mo-Po sofort auf mich zu und stellte mir wieder die gleiche Frage: „Hast du heute die Predigt gesehen?" — „Ja", gab ich zur Antwort.

„Als der Prediger über die Liebe Gottes sprach, strahlte sein ganzes Gesicht. Da habe ich die Predigt gesehen."

Von dieser Zeit an habe ich mir Mühe gegeben, die Predigt zu sehen und zu hören.

Ich fragte mich: „Sehen die Leute die Predigt auch an mir, wenn ich ihnen von Jesu Liebe erzähle?" Wenn das Herz erfüllt ist mit Freude über das teure Wort Gottes, dann strahlt auch das Gesicht.

„Herr Jesus, laß mein Leben und Angesicht leuchten für dich, daß die Menschen dich sehen dürfen durch mich. Amen."

Ich will die erste sein, die für Jesus getötet wird

Als Mo-Po 98 Jahre alt war, kamen die Kommunisten in unsere Stadt, um die Missionsleute und die Gläubigen zu töten.

Zuerst riefen sie die Landbevölkerung zusammen. Wir Missionsleute wußten, was es geschlagen hatte, und gingen miteinander ans Eingangstor, als sie heranzogen. Ein Mädchen von ungefähr zehn Jahren stampfte vor uns auf den Boden und schrie laut: „Tötet die Ausländer!"

Dieser Umzug kam, um uns abzuholen und uns zur Hinrichtungsstätte zu führen.

Da brach plötzlich aus heiterem Himmel ein unheimliches Gewitter herein, daß alle Leute davonrannten und Schutz suchten. Als das Gewitter vorüber war, sammelten sich die Leute wieder zu einem Umzug und kamen zum zweitenmal zum Missionshaus.

Da schickte Gott ein zweites schreckliches Gewitter mit gewaltigem Regenguß. Dazu verbrannte das Haus des Obersten, der verantwortlich war für den Massenauflauf.

Interessant war noch, daß die meisten Landbewohner gar nicht wußten, warum sie in die Stadt gekommen waren. Als man ihnen sagte, sie sollten zum Missionshaus gehen, antworteten sie, sie wollten lieber nicht zu uns kommen, sondern weiter die Götzen anbeten.

Der treue Herr hat wunderbar eingegriffen und uns bewahrt. Er hat seine Engelscharen gesandt, um uns zu beschützen.

In des Tages Hitz und Last
bist du meine süße Rast.
Mag da kommen, was da will,
tönt's im Herzen leis und still:
JESUS!

Die Kommunisten gaben daraufhin an einem bestimmten Tag bekannt, daß sie alle Leute, die zu uns zur Versammlung kämen, auf dem Wege töten würden. Die Stadtbewohner wußten es, aber uns sagte man nichts. Die Frauenstunde stand bevor.

Wir hatten abgemacht, daß, sobald ein Christ zum Tode verurteilt werden sollte in unserer Stadt, wir die Glocke läuten würden, um den Christen Nachricht zu geben, daß sich alle miteinander dem Verurteilten anschließen könnten. Es soll kein Christ allein in den Tod gehen müssen.

Als Mo-Po von ihren Angehörigen, die noch Heiden waren, hörte, was die Kommunisten vorhatten, zog sie sich schnell um und rief: „Dann will ich die erste sein, die für Jesus getötet wird!"

Schnell ging sie auf die Straße, um zur Versammlung zu gehen. Nun hat es aber der Herr so wunderbar geführt, daß die Regierungstruppen von dem geplanten Überfall hörten und ihn verhindern konnten.

Als Mo-Po 99 Jahre alt war, holte der Herr sie sanft in die himmlische Herrlichkeit heim.

Wenn der Abend geht zur Ruh,
schließ ich meine Augen zu.
Doch umweht mich sanft und mild
noch das eine liebe Bild:
JESUS, JESUS, JESUS!

II. Heimkehr

Verhinderte Weiterfahrt wegen Kriegsausbruch in Rußland, Aufenthalt in Tsing-Tau

Auf der Heimreise in Urlaub

Im Jahre 1941 sollten wir unsere Heimreise antreten.

Bevor wir loszogen, hatte ich einen Traum: Ich reiste und kam an ein Meer. Ich stand oben auf einer Brücke und schaute ins Meer hinab. Da waren große Kriegsschiffe. Es sah schrecklich aus. — Es war ja damals gerade Krieg in der Heimat. — Ich ging weiter auf der Brücke, und auf einmal hörte diese ganz plötzlich auf. Ich tat einen Schrei, weil ich vor mir den Abgrund sah. Nur noch einen Schritt, und ich wäre hinuntergestürzt. In diesem Augenblick drehte sich die Brücke nach einer andern Richtung, und eine Hand faßte mich und führte mich sicher ans Land.

Am nächsten Morgen sagte ich zu meiner Freundin: „Ich komme nicht programmgemäß nach Deutschland. Da geschieht noch etwas."

Und so kam es auch. In Begleitung von einigen Geschwistern, die auch in Urlaub gehen wollten, kamen wir in die Provinz Kuangtung.

Wir mußten auf vielen Umwegen reisen. China stand im Krieg mit Japan, dazu kam noch, daß vielerorts die Kommunisten ihr verheerendes Werk trieben. So mußten wir Wege wählen, die wir gar nicht vorgesehen hatten; aber es blieb uns nichts anderes übrig. Wir kamen oft in schwierige Situationen und schrien zum Herrn in unserer Not, und der Herr errettete uns. Auf dem Meer kamen wir in ein schreckliches Unwetter. Der Seegang war so hoch, daß wir alle seekrank wurden. Zwei oder drei Tage wußten wir nicht mehr, wo es mit uns hinauswollte. Ich war so elend, daß ich dachte, man bringe mich nicht mehr lebend nach Hause. Aber durch Gottes Gnade ist es besser geworden.

Nach einer langen und beschwerlichen Reise kamen wir endlich nach Schanghai. Dort wurden wir freundlich empfangen von unseren lieben Geschwistern der China-Inland-Mission. — Wir gehörten ja zum deutschen Zweig der CIM. — Dort hatten wir eine schöne Zeit und durften viel Liebe erfahren in der schweren Kriegszeit. Wir trafen da auch Geschwister aus Ländern, mit denen Deutschland im Krieg stand; aber als Gotteskinder durften wir einander in Liebe begegnen.

Es war vorgesehen, daß wir über Sibirien heimfahren würden; nun kam aber Nachricht von der Südsee, daß die Frau eines unserer Missionare gestorben sei und daß er mit seinen Kindern heimzureisen wünsche. So erhielt begreiflicherweise der Bruder Vorrang, und wir mußten vorläufig in Schanghai bleiben und auf die Fahrkarten warten.

Später konnten wir auch abreisen; aber alles war in großer Sorge und Bangigkeit, ob wir wohl noch durchkämen oder ob Rußland plötzlich noch in den Krieg verwickelt würde.

Wir reisten auf einem kleinen Schiff, das uns nahe an die russische Grenze bringen sollte.

An einem schönen Sonntag ging ich ganz früh an Deck, um mich in aller Stille an der Herrlichkeit des Herrn und seiner Werke freuen zu können. Da traf ich zu meiner großen Verwunderung eine Nonne, die schon auf dem Deck umherging. Ich wollte sie anreden; aber sie kam mir zuvor und lenkte das Gespräch sofort auf Maria und sagte mir, daß wir in guter Verbindung stehen sollten mit Maria, der Mutter Gottes. „Angenommen, Ihr Vater hätte einen Freund", erklärte sie mir, „und Sie wünschten etwas von Ihrem Vater, so würden Sie sich bestimmt zuerst an den Freund des Vaters wenden und ihn bitten, den Vater zu beeinflussen, daß Sie das erhalten, was Sie sich wünschen."

Ich hörte verwundert zu und ließ die Nonne weiterreden.

„So kann man's bei Maria auch machen und ihr alles sagen, was man vom Herrn Jesus wünscht." — Da unterbrach ich sie und erwiderte: „Oh, da weiß ich aber einen besseren Weg. Ich darf direkt zum Herrn Jesus gehen und ihm alles sagen, was ich wünsche. Und bei meinem Vater ist es ebenso. Der Umweg über den Freund wäre viel zu kompliziert. Ich habe volles Vertrauen in meinen himmlischen Vater, daß ich sofort zu ihm gehen kann und ihm auch alles direkt sagen kann, was mich bewegt, und das Wunderbare ist, daß er mir auch direkt antwortet."

Die Nonne war ganz erstaunt über meine Äußerung. So fuhr ich fort: „Ich habe gute Verbindung mit dem Herrn Jesus, und darum brauche ich keinen Umweg über Maria, um zu ihm zu beten."

„Ach", entgegnete sie mir, „ich habe nur *einen* großen Wunsch für mein Leben. Was gäbe ich alles, wenn der mir erfüllt würde."

„Was ist denn Ihr Wunsch?" fragte ich bewegt. — „Ich möchte so gerne eine Heilige werden." — „Oh", erwiderte ich, „da weiß ich einen ganz feinen Weg. Darf ich es Ihnen erklären?" — „Ja, bitte, gerne", entgegnete die Nonne.

Ich holte rasch meine englische Bibel, und dann setzten wir uns zusammen in den Salon des Schiffes, wo wir ganz ungestört miteinander reden konnten. Das gab eine lange Unterredung. Ich zeigte ihr anhand von Gottes Wort, wie der Herr Jesus für unsere Sünden geblutet hat, wie er gestorben und auferstanden ist und sich für uns geheiligt hat, damit auch wir geheiligt würden. Ich erklärte ihr, daß wir heilig und gerecht sein können nicht aufgrund eigener Anstrengungen, sondern einzig und allein aufgrund des für uns vollbrachten Opfers. „Und zwar ist uns diese Heiligkeit vor bereits 2000 Jahren erworben worden. Wir brauchen sie nicht selbst zu machen, sondern nur im Glauben das anzunehmen, was Jesus stellvertretend für uns getan hat."

Sie war sehr erstaunt, als ich ihr auf diese Weise von der Heiligkeit Jesu Christi erzählte. Ich merkte aber, daß ihr

Verlangen nach der Wahrheit so groß war, daß sie mir die Worte mit ihren Augen fast von den Lippen riß.

Ich machte sie noch darauf aufmerksam, daß es nicht darauf ankomme, ob wir von Menschen heiliggesprochen werden oder nicht. Wenn wir nur in Gottes Augen Heilige sind!

Sie war beglückt, von einem so einfachen und doch so wunderbaren Weg zu hören, wie man heilig werden kann. Ich las ihr viele passende Stellen aus der Bibel vor und durfte sehen, wie die katholische Schwester sich dem Wort je länger, je mehr öffnete.

Wir konnten dann noch bis Charbin zusammen bleiben, von wo aus sich die Nonne zu ihrem Arbeitsplatz begeben mußte.

Zum Abschied beteten wir noch miteinander. Ich befahl sie der treuen, sorgenden und bewahrenden Liebe des himmlischen Vaters anheim.

Wo ist wohl die Schwester hingekommen in dieser schweren Zeit großer Kriegswirren? Ich glaube fest, daß sie mit der neuen Offenbarung der Liebe Jesu all das Schwere, das sie erwartete, ertragen konnte. Ich habe nie mehr etwas gehört von ihr.

Als wir nach Charbin kamen, war das Konsulat leider schon geschlossen. Es war Samstag, und wir mußten warten bis Montag. „Ach wie schade", sagten wir, „jetzt hätten wir weiterreisen können, wenn das Konsulat nicht schon geschlossen wäre."

Aber wir wußten ja, daß der Herr nichts ohne Absicht tut und nie einen Fehler macht.

Ich schrieb nach Hause: „So Gott will und wir leben, bin ich in elf Tagen zu Hause."

Am Sonntag saßen wir zusammen und feierten den Geburtstag einer Schwester. Als wir nachmittags Kaffee tranken, erreichte uns plötzlich die Schreckensbotschaft, Deutschland stehe im Krieg gegen Rußland. Zum Glück waren wir noch nicht in Rußland. Wie froh waren wir jetzt, daß wir warten mußten. Wären wir weitergereist, dann wären wir ja bereits auf russischem Gebiet gewesen bei Kriegsausbruch.

Sofort schickten wir ein Telegramm ans Hauptquartier der CIM nach Schanghai und baten sie, bei unseren verantwortlichen Geschwistern im Inland anzufragen, was wir tun sollten. Etwas später erreichte uns ein Telegramm aus Schanghai, die Inland-Geschwister hätten gesagt, sie seien nicht imstande, die momentane Lage zu beurteilen, Schanghai möchte bitte entscheiden für uns.

Es blieb uns ja gar nichts mehr anderes übrig, als zurückzukehren, da unsere Geld- und Nahrungsmittel am Ausgehen waren.

Schanghai berichtete uns, sie würden uns auf eine ihrer Stationen bringen, wo wir weiter dienen könnten bis zum Kriegsende und bis wir wieder reisen dürften.

So entschlossen wir uns, nicht weiterzureisen. Es war keine leichte Situation; aber doch sahen wir darin eine große Bewahrung Gottes. Die Leute, die am Samstag Richtung Deutschland abgereist waren, wurden alle wieder zurückgeschickt und kamen so mitgenommen an, daß sie ins Krankenhaus eingeliefert werden mußten. Das blieb uns also auch erspart.

Von Herzen dankten wir unserem barmherzigen und gnädigen Gott für seine Bewahrung und Hilfe.

Wir kehrten dann zurück; aber nicht nach Schanghai, sondern nach Tsing-Tau, einer ehemaligen deutschen Koloniestadt. Tsing-Tau war eine schöne, große Hafenstadt mit vielen Häusern nach deutschem Baustil. Wir fühlten uns dort richtig daheim und priesen die große Güte Gottes, der uns so wunderbar dorthin geführt hatte.

Mein Traum hatte sich also bestätigt. In Schanghai sahen wir viele Kriegsschiffe, und in Charbin ging die Brücke nicht mehr weiter, nahm aber eine andere Richtung an, und in Tsing-Tau durften wir sicher an Land gehen.

Ich fragte den Herrn im Gebet: „Warum mußten wir die Reise bis nach Charbin machen?“ Da zeigte er mir, daß es wegen der Nonne war, damit ihr geholfen werden könne.

Wie mußte ich da danken, daß der Herr die Dinge so wunderbar leiten kann, wenn er einer Menschenseele begegnen will. Darum will ich gar nie klagen und jammern, wenn ich einen Weg geführt werde, den ich nicht begreife. Einer weiß immer warum, und diesem Einen dürfen wir uns voll und ganz anvertrauen.

Ich vertraue ihm, daß ich jene katholische Schwester, der der Herr durch mich begegnen wollte, im Himmel beim Herrn wiedersehen werde. Ihm ist gar nichts unmöglich. Preis sei ihm in Ewigkeit.

Weiß ich den Weg auch nicht, du weißt ihn wohl;
das macht die Seele still und friedevoll.
Ist's doch umsonst, daß ich mich sorgend müh',
daß ängstlich schlägt mein Herz, sei's spät, sei's früh.

Du weißt den Weg ja doch, du weißt die Zeit,
dein Plan ist fertig schon und liegt bereit.
Ich preise dich für deiner Liebe Macht,
ich rühm die Gnade, die mir Heil gebracht.

Du weißt, woher der Wind so stürmisch weht,
und du gebietest ihm, kommst nie zu spät;
drum wart ich still, dein Wort ist ohne Trug,
du weißt den Weg für mich, das ist genug.

H. v. Redern

Neues Arbeitsfeld Tsing-Tau

Schon im ersten Urlaub, als wir über Schanghai nach Tsing-Tau fuhren, wurden wir dort im Vorbeigehen von einer lieben Missionarswitwe, die bei der Berliner Mission war, begrüßt.

Als wir nun nach Tsing-Tau kamen, wurden wir vorübergehend dieser Gemeinde zugeteilt, in welcher das liebe Gotteskind diente. Ihre vier Kinder waren zum Teil schon erwachsen. Die Freude war groß, als wir sie trafen und mit ihr Gemeinschaft haben durften.

Die Berliner Mission konnte des Krieges wegen Tsing-Tau nicht mehr halten. So wurde die Gemeinde vorübergehend an die amerikanische Lutheraner-Mission angegliedert. Die Zusammenarbeit war sehr schön. Die Amerikaner nahmen Rücksicht auf die deutschen Geschwister, und wenn etwas besprochen wurde, fiel mir auf, daß dem Rat der Missionarswitwe große Beachtung geschenkt wurde.

Die China-Inland-Mission wünschte, daß wir uns, solange die Unruhen anhielten, in Tsing-Tau beschäftigten. Später sollten wir dann auf eine CIM-Station gehen, die weiter im Landesinnern war; aber des Krieges wegen war das momentan nicht möglich.

So wurden wir unter die Missionsleute der großen Stadt verteilt.

Gleich am Anfang sagt jemand mir, in Tsing-Tau gebe es *eine* Missionarin. Ich verwunderte mich sehr, das zu hören, da ich wußte, daß es viele Missionsleute gab; aber als ich während einiger Zeit bei der lieben Witwe wohnen durfte, habe ich etwas gemerkt und viel gelernt.

Die Frau wandelte vor Gott und war allen, denen sie begegnen durfte, zum großen Segen. Weiße, Braune, Schwarze und Gelbe suchten sie auf in ihrem Haus, um ihr ihre Nöte zu klagen und ihre Herzen auszuschütten. Sie machte Besuche im Gefängnis und tat, was sie nur konnte. So etwas hatte ich noch nie zuvor erlebt. Für alle Menschen hatte sie ein offenes Ohr und Herz, und für alle hatte sie Zeit, trotz der großen Arbeit. Es war wunderbar, mit ihr zusammen arbeiten zu dürfen.

Ich konnte nebenbei auch deutsche Kinderstunden halten und hielt Hausversammlungen bei Deutschen und Chinesen. Natürlich galt mein Auftrag vorwiegend den Chinesen; aber ich freute mich, auch unter meinen Landsleuten wirken zu dürfen.

Bald hatte ich alle Hände voll zu tun und war in meinem Element wie auf unserer Station.

In der Nachbarstadt Kiau-Tschau, die auch zum Bezirk der Tsing-Tauer Missionsarbeit gehörte, lernte ich in meinem Dienst eine teure Schwester aus Baden kennen, mit der ich enge Freundschaft schloß.

Meine liebe Gastgeberin bewohnte ein kleines Häuslein; aber trotzdem lud sie jedermann, der vorbeikam, um Besorgungen zu machen in der Stadt, herzlich ein, bei ihr zu übernachten. Sie hatte für alle Platz, auch wenn viele kamen. Mir erschien ihr Häuschen wie ein Gummihaus, das sich einfach beliebig ausdehnen ließ. Trotzdem ich extra darauf achtete, wo denn die liebe Witwe noch ein Plätzchen zum Schlafen fand, konnte ich's nicht herauskriegen. Am Abend war sie die letzte und am Morgen die erste.

Oh, gab das viel zu erleben in dem Haus! Die liebe Frau erhielt viele Gaben und gab alles wohlbedacht an Bedürftige weiter.

Eines Tages, als ich wieder ganz überwältigt war von der fürsorgenden, umsichtigen Liebe, die von dem kleinen Häuschen ausging, fragte ich den Herrn: „Lieber Heiland, bitte, zeig mir das Geheimnis dieses Hauses. Warum kannst du hier so segnen, wie man es kaum irgendwo sieht?"

Jesus antwortete mir: „In diesem Hause wird über niemand etwas Nachteiliges gesagt, es wird nicht über andere geredet."

Das war also das große Geheimnis! Nicht über andere reden, sondern lieben und dienen. Welch eine Lektion!

Jetzt begriff ich jenen Ausspruch, den ich gleich anfangs hörte: „In Tsing-Tau gibt es *eine* Missionarin." Wie dankte ich dem Herrn für das Vorrecht, daß ich diese Dienerin habe kennenlernen dürfen.

Einer ihrer vier Söhne war im Krieg gefallen, ein anderer

war schwer erkrankt und an den Folgen der Krankheit gestorben, einer wurde Missionar und Pfarrer, und der andere wurde Lehrer.

Ich habe leider schon lange nichts mehr von ihnen gehört; aber vielleicht gibt es doch einmal einen Weg, die alte Freundschaft wieder aufzufrischen.

„O Herr, wie wunderbar bist du in deinem Tun, du bist heilig und herrlich. Wie hast du diese liebe Mutter, eine Mutter in Christo, gesegnet. Gelobt seist du, gepriesen seist du, Hochheiliger, du himmlische Majestät, du König der Herrlichkeit. Dich preise ich und bete dich an in alle Ewigkeit. Amen."

Im Zentrum der Lutherischen Mission

In Tsing-Tau gab es außer dem regelmäßigen Dienst für die Mission auch noch andere Dinge zu tun.

Die Lutherische Mission errichtete ein Zentrum, das allen offenstand, vor allem den amerikanischen Soldaten, die nach Tsing-Tau auf Urlaub kamen. Viele amerikanische Soldaten hatten auf der Insel Okinawa gekämpft und durften nach diesen schrecklichen, blutigen Kämpfen nach Tsing-Tau zur Erholung kommen. Missionar Baer von unserer Mission wurde Heimleiter.

Hier lernte ich einen Offizier kennen, der mir besonders auffiel. Er hatte den Ruf gehabt, als Missionar zur China-Inland-Mission zu gehen und dem Herrn dort zu dienen; aber leider wurde er dann durch den Kriegsausbruch daran gehindert.

Er kommandierte ein großes Schiff und hatte viele Soldaten und Matrosen unter sich. Ich empfahl ihm, doch gerade dort mit der Missionsarbeit zu beginnen.

Mit großer Freude sah ich, daß die Amerikaner irgendwie viel freier und bekenntnisfreudiger waren als viele gläubige Deutsche. Warum sollte man sich schämen, sich öffentlich zu Jesus zu bekennen? Warum sollte man nicht auch andern von Jesus sagen?

Heute ist dieser Offizier Missionar in Japan. Er arbeitet in einem Literatur-Kreuzzug. Er hat eine liebe Frau und einige Kinder.

Dank sei dem Herrn, daß viele neuen Mut, neue Zuversicht und neue Hoffnung erhielten, treu zu ihrem Heiland zu stehen. Dank sei dem Herrn, daß viele, die ohne persönlichen Heiland in den Krieg zogen, mit einem persönlichen Heiland heimkehren durften.

O wenn ich zehn Leben hätte, so möchte ich sie alle zehn dem Herrn Jesus geben, um Seelen zu werben für ihn. „Er ist es wert, daß man ihn ehrt und sich in seinem Dienst verzehrt."

Ich habe große Freude, daß ich durch den Offizier innerlich auch in Kontakt stehen darf zu Japan. Es ist mein Gebet, daß der Herr Jesus auch dort noch viele Seelen herausretten und sie zum Zeugnis setzen kann für viele andere.

Gelobt sei der Herr, der so freundlich und gnädig ist, daß er Menschenkinder sucht und findet und sie überall einsetzen will zur weiteren Ausbreitung seines Evangeliums, damit die Zahl der Gläubigen bald voll wird und ER in Herrlichkeit erscheint, um seine Braut heimzuholen.

Einmal durfte ich einem anderen Offizier den Weg zu Jesus zeigen. Darauf sagte er ganz gerührt: „Wie sind doch Gottes Wege wunderbar. Ich mußte auf der Insel Okinawa furchtbare Kämpfe durchmachen und bin dann von dort nach Tsing-Tau gekommen. Und da ist eine Missionarin, die von Deutschland nach China gekommen ist und an der Heimreise verhindert wurde, um mir, dem Amerikaner, den Weg zu Jesus zu zeigen. O sag doch, ist das nicht ein großer, mächtiger, herrlicher Gott, der so handelt. In Europa stehen die Amerikaner im Krieg gegen die Deutschen, und jetzt hilft mir eine deutsche Missionarin, den Weg zu Jesus finden." Dieses Bekenntnis hat mich ganz herzlich gefreut.

Bei uns in Tsing-Tau war wirklich nichts zu spüren, daß die Amerikaner im Krieg standen gegen Deutschland. Die Amerikaner gingen bei den Deutschen ein und aus und umgekehrt, und in den gemeinsamen Gottesdiensten, die einmal deutsch, einmal englisch gehalten wurden, wuchs man immer mehr zusammen wie eine Familie. Das hat der Herr gewirkt.

Vom amerikanischen Pastor erhielt ich englische Testamente, um sie unter Englischsprechenden verteilen zu können. Die amerikanischen Soldaten hatten zwar alle ein Testament und ein Liederbuch erhalten, das gehörte zu ihrer Ausrüstung; aber etliche verloren es wieder im Krieg.

Im Anschluß an die Gottesdienste wurde jeweils im Missionszentrum Kaffee ausgeschenkt und viel gesungen.

Ein ernster, junger, gläubiger Soldat, dessen Herz für Jesus glühte, arrangierte eine Jugendevangelisation. Der erste Abend war gerade mein Geburtstagsabend. Viele Jugendliche besuchten die Veranstaltungen, und etliche durften Jesus als persönlichen Heiland erleben.

Es war rührend zu sehen, wie die gläubigen Soldaten für ihre Kameraden beteten, damit doch recht viele von ihnen gerettet würden. Gott hat ihre Gebete oft ganz wunderbar erhört. An diesen Abenden durfte ich auch zu den Jungen und den Soldaten sprechen, aber vor allem zu den Chinesen, die sich einfanden.

Was das Verteilen von englischen Testamenten anbelangte, so erlebte ich dabei, daß Jesus mich wunderbar führte und mir auch die Soldaten zeigte, die kein Testament mehr hatten.

Die Amerikaner kannten mich mit der Zeit ziemlich gut, und wenn sie mich unterwegs antrafen, nahmen sie mich mit ihren Jeeps mit und brachten mich an meinen Bestimmungsort.

Ja, der Herr hat gnädig geholfen und durch seinen Geist gewirkt. Ihm sei Preis und Ehre für seine Liebe und Gnade.

Die tiefbetrübte deutsche Witwe

Ich hörte von einer deutschen Kaufmannsfrau, die in Tsing-Tau wohnte. Sie war Katholikin und eine bekannte Sängerin. Sie sang des öfteren in den katholischen und evangelischen Kirchen.

Plötzlich brach großes Leid über sie herein. Ihr Mann wurde vom Tode hinweggerafft, und ihr einziger Sohn starb an den Folgen einer schweren Krankheit. Ihre einzige Tochter wohnte in einer andern Gegend.

Die Leute baten mich, die leidgeprüfte Frau zu besuchen; aber das war sehr schwer, da ich hörte, daß sie keinen Besuch empfing und sich in ihre Wohnung einschloß. Früher hatte sie viele Freunde besucht, aber nun kapselte sie sich ganz ab, und wenn sie das Haus verließ, ging sie auf den Friedhof.

Ich wußte gar nicht, wie ich es anfangen sollte, mit der Frau zusammenzutreffen und mit ihr ins Gespräch zu kommen. So brachte ich die ganze Angelegenheit im Gebet Jesus dar und bat ihn, mich mit der Frau zusammenzuführen, wenn es sein heiliger Wille sei, daß ich sie trösten könne und ein Segen sein dürfe für sie. Ich wartete lange auf Antwort.

Ich machte Bekanntschaft mit deutschen gläubigen Apothekersleuten in Tsing-Tau. Sie luden mich ein, bei ihnen Hausandachten zu halten, wie ich das an etlichen Orten bereits tat.

Als ich kurz nach Neujahr wieder in ihr Haus kam, um im Kreise der Familie und einiger Bekannten Bibelstunde zu halten, klingelte es plötzlich. Eine vornehme, schwarz gekleidete Dame trat in den Hausflur. Sofort dachte ich bei mir: „Welche Freude, wenn das die bestimmte Dame wäre!"

Sie wurde ins Zimmer geführt, wo wir uns befanden, und kurz vorgestellt. Es war die Dame! Ich grüßte sie freundlich und sagte zu ihr: „Wir haben eben eine Bibelstunde. Möchten Sie auch gerne daran teilnehmen?" — „Ja gerne", erwiderte sie und setzte sich. Ich war gerade daran, allen Anwesenden eine Neujahrslosung zu geben, die ich für sie vom Herrn erbeten hatte. Als ich zu der schwarzgekleideten Dame kam, sagte ich ganz lieb zu ihr: „Ich habe auch eine Losung für sie mitgebracht." — Diese Losung hatte ich nämlich zu Hause gezogen für den Fall, daß ich die Frau irgendwann um die Neujahrszeit herum treffen würde. —

Die Frau las das Wort — es war ein feinpassendes Trostwort — und wandte sich ganz erstaunt zu mir: „Wie kommen Sie dazu, für mich eine Losung zu ziehen? Sie kennen mich ja gar nicht." Daraufhin erzählte ich ihr, daß ich sie schon lange gerne besucht hätte und keine Möglichkeit sah, dem Wunsche nachzukommen. „Dann habe ich einfach gebetet, daß der Herr uns einmal zusammenführen möchte. Ich mußte viel an Sie denken und habe auch eine Losung für Sie gezogen für den Fall, daß wir uns in der Neujahrszeit treffen würden."

Sie war ganz gerührt, daß ein fremder Mensch, dem sie noch nie begegnet war, soviel Liebe und Mitgefühl aufbringen konnte. Dann sagte sie, indem sie auf die Bibel deutete, die man ihr zum Nachschlagen gegeben hat: „Wenn mir noch etwas helfen und mich trösten kann, dann ist es die Bibel."

O wie freute ich mich, das aus ihrem Munde zu hören. Wieder einmal mehr mußte ich staunen und sehen, daß, wenn der Herr die Wege ebnet, dann auch Frucht für die Ewigkeit dabei herauskommt. Wie wunderbar hat der Herr doch mein Gebet erhört. Ich war richtig beglückt.

Als die Bibelstunde zu Ende war, überreichten meine Gastgeber der Frau die Bibel als Geschenk, und ich fragte sie, ob ich sie noch an die Straßenbahn begleiten dürfe. Sie nahm das Anerbieten gern an, und als wir nebeneinander gingen auf der Straße, fragte sie mich, ob ich sie nicht einmal besuchen würde. „Ja gerne", entfuhr es mir. „Darf ich meine Bibel mitbringen, damit wir zusammen etwas lesen können?" — „O ja, gerne", erwiderte sie hoffnungsvoll.

Nun war die Tür geöffnet! Ich wartete nicht lange mit meinem Besuch. Ihr Herz war so verlangend, daß ich von da an zweimal in der Woche zu ihr gehen konnte, um mit ihr in der Bibel zu lesen, zu beten und sie zu trösten.

Ich kann schon sagen, daß ich manche Träne vergossen habe in dem Haus. Das eine Mal war die Frau ganz zuversichtlich und getröstet, das andere Mal war sie am Zusammenbrechen und Verzweifeln. Sie lebte nach wie vor äußerst zurückgezogen, nur mich ließ sie in ihre Wohnung.

Ich erzählte ihr vieles aus meinem Leben und ließ sie auch viele von meinen Erlebnissen abschreiben auf der Schreibmaschine. Sie tat das gern, und ihr tat es wohl, so viel von Gottes Liebe und gnädiger Führung zu erfahren.

Unsere gegenseitige Zuneigung wurde immer größer. Wir befreundeten uns, und sie freute sich auf jeden Besuch, den ich bei ihr machte; aber es dauerte lange, bis sie einigermaßen getröstet war. So etwas muß man erlebt haben. Sie hatte es wirklich nicht einfach, als Ausländerin so weit von der Heimat entfernt mit ihrem Schmerz fertig zu werden; aber der Herr hat sie getröstet.

Ich stehe noch heute mit ihr in Verbindung, obschon sie weit fort ist, in Australien.

Ja, der Herr ist gnädig und gütig und erbarmt sich auch oft wunderbare Weise über die Menschenkinder. Für die Frau galt das Lied ganz besonders:

> Faß meine Hand, ich bin so schwach und hilflos,
> daß keinen Schritt ich wage ohne dich.
> Faß meine Hand, und dann, o lieber Heiland,
> kann Furcht und Leiden nicht mehr ängsten mich.
>
> Faß meine Hand und zieh mich näher zu dir,
> denn deinem Herzen möchte nah ich sein.
> Faß meine Hand, ich möchte anders irren
> vom graden Wege, ginge ich allein.

Sie hat vertrauensvoll ihre Hand in des Heilandes Hand gelegt.

Eines Tages erklärte sie mir, sie könne gar nicht mehr so beten in ihrer Kirche, wie sie früher gebetet habe. Sie bete jetzt, wie sie es von mir gelernt habe, aus freiem Herzen zum Herrn Jesus. Das hat mich natürlich mächtig gefreut. Ja, sie hat Jesus als persönlichen Retter und Heiland erleben dürfen.

Ich hoffe, daß sie auf diesem Weg geblieben ist und daß ihre Gemeinschaft mit Jesus immer tiefer werden durfte.

„Ja, Herr, du bist gnädig und barmherzig. Du erbarmst dich über Witwen und Waisen. Du hilfst den Elenden herrlich. Gelobt sei dein heiliger Name in Ewigkeit."

Die Frau wurde dann auch gebeten, am Karfreitag in unserer Kirche zu singen; aber das lehnte sie ab. Es sei ihr ganz unmöglich zu singen, sie werde zusammenbrechen; aber ich sagte zu ihr: „O nein, du brauchst nicht zusammenzubrechen. Nie kannst du mit so frohem Herzen singen wie am Karfreitag, weil du ja deinem Heiland und Retter so viel zu danken hast. Denk, wieviel er aus Liebe für uns gelitten hat. Am Karfreitag sehen wir deutlich, daß wir unsere ganze drückende Last, das große Weh des Herzens einfach dem Herrn hinlegen können."

Daraufhin hat sie die Einladung angenommen. War das ein Singen! Sie hat mit ihrer schönen Stimme und aus tiefem Empfinden und Verstehen des Kreuzes heraus alle Zuhörer tief erquickt. Viele wurden zu Tränen gerührt. Ich darf schon sagen, daß das für mich einer der eindrücklichsten Karfreitagsgottesdienste war.

Auch an Ostern hat sie bei uns gesungen. Man merkte ihr an, daß sie reich getröstet war und daß der Auferstandene ihr persönlicher Heiland geworden war, dem sie mit Leib und Leben angehören durfte. Ihre Stimme jubelte. Sie triumphierte mit ihrem Herrn.

„Herr Jesus, von Herzen danke ich dir für diese Schwester, die dich erleben durfte. Du bist herrlich und wunderbar.

Du bist der Löwe aus Juda, das Lamm, das erwürgt ist; du bist glorreich auferstanden und hast Leben und Freiheit und unvergängliches Wesen ans Licht gebracht. Lob sei deinem herrlichen Namen. Amen."

Seele, dein Heiland ist frei von den Banden,
glorreich und herrlich vom Tode erstanden.
Freue dich, Seele, die Hölle erbebt:
Jesus, dein Heiland, ist Sieger und lebt!

Ein Soldat und ein General

Einmal bat ich am frühen Morgen den Herrn, er möge mir doch heute jemanden über den Weg senden, der heilssuchend sei. Ich war noch nicht lange auf dem Weg, als ein Militärfahrzeug anhielt. Ich hörte eine Stimme ganz fröhlich sagen: „Good morning" (guten Morgen). Ich erwiderte den Gruß und fragte, ob ich mitfahren dürfte. „Ja gerne", war die prompte Antwort. Ich war kaum aufgestiegen, als ich den jungen Fahrer schon fragte: „Lieben Sie Jesus Christus?" — Der Soldat war freudig überrascht, von mir diese Frage gestellt zu erhalten. Er antwortete: „Ja, ich liebe ihn, und", fügte er traurig hinzu, „ich wäre so gerne Priester geworden — ich gehöre zur katholischen Kirche; aber der Krieg hat mir alles zerschlagen." — „O nein", entgegnete ich, „da weiß ich etwas Besseres. Beten Sie nur jeden Tag, der Herr solle Sie in seinen Dienst rufen."

Der junge Soldat fuhr immer langsamer, blieb zuletzt sogar ab und zu stehen und fuhr auf Umwegen zu meiner Freundin, damit er möglichst lange zuhören konnte.

Ich sagte ihm: „Wenn Sie Priester werden, dann bringen Sie den Leuten bitte das, wonach diese sich sehnen, nämlich die klare Botschaft von dem gekreuzigten und auferstandenen Herrn und Heiland, und sagen Sie ihnen, daß durchs Blut Jesu volle Freiheit von Sünden zu haben ist. Sehr wichtig ist, daß unser Leben ihm geweiht ist und restlos ihm übergeben ist, dann kann Gott auch seinen Segen auf unseren Dienst legen."

Ich fragte ihn, ob er ein Neues Testament besitze. — „Nein", gab er zurück. Ich überreichte ihm eines und hielt ihn an, er solle jeden Tag darin lesen.

Er bedankte sich herzlich für das schöne Geschenk und versprach: „Heute abend will ich damit beginnen." Er bedauerte es sehr, daß er nicht recht Zeit hatte, öfter den Gottesdiensten beizuwohnen. Ich ermunterte ihn, seinen Vorgesetzten um Erlaubnis zu bitten.

Beim Abschied bat er mich, für ihn zu beten. Wir tauschten Adressen aus. Mit einem Hoffnungsschimmer im Herzen ging er weiter. Gott hatte sich ihm offenbart und ihm Licht in die scheinbare Aussichtslosigkeit seiner Wegführung geschenkt. Er wurde von dem Wunsch beseelt, andern Menschen zu helfen und sie zu Jesus zu führen.

„O Herr Jesus, segne diesen treuen, nach Gottes Willen hungernden Menschen."

Ich freute mich riesig an der wunderbaren Gebetserhörung, die mir der Herr an diesem schönen Montagmorgen zuteil werden ließ. Wie herrlich, sich von ihm als Werkzeug gebraucht zu wissen.

Einmal, an einem Sonntagmorgen — ich traute meinen Augen kaum —, hielt der Wagen des amerikanischen befehlshabenden Generals in China an, als ich mich auf dem Weg zur Stadt befand.

Ein Herr fragte mich freundlich, ob ich zur Stadt mitfahren wolle. Gerne nahm ich die Einladung an und durfte mich vorne neben den Chauffeur setzen. Hinten saß der Oberbefehlshaber in Begleitung eines anderen Herrn.

Da ich immer Traktate bei mir hatte, gab ich dem General und dem andern Herrn auch eines zum Lesen. Sofort begannen sie zu lesen. Der General sagte mir zum Abschied: „Das ist etwas sehr Gutes und Schönes, was Sie mir da gegeben haben. Vielen Dank."

Ich freute mich herzlich, daß ich Gelegenheit hatte, diesem hohen Offizier etwas von Jesus zu lesen zu geben. Ich betete, daß der Herr doch selbst noch weiterreden möchte, und ich glaube auch, daß er es getan hat.

Als ich dann schon so frühzeitig zur Kirche kam, fragte mich der amerikanische Pastor, wie das komme, daß ich schon hier sei. Ich erzählte ihm von der interessanten Begegnung und sagte ihm auch, ich hätte dem General ein Traktat gegeben. „Was, das hast du getan?" verwunderte er sich. „Ja freilich", gab ich zurück, „der General hat auch eine Seele, die erlöst werden muß. Und übrigens hat er sich noch bedankt für die Schrift."

Aber was mich verwunderte, ist die Tatsache, daß er überhaupt anhielt, da ich ja so einfache Kleidung trug. Das war nicht das letzte Mal, daß ich im Wagen des Generals mitfahren durfte, und ich nahm das als Zeichen dafür, daß ihm die kleine Schrift zum Segen geworden war.

Man muß jede Gelegenheit ausnützen, die man bekommt, um den Menschen von Jesus zu sagen. Ich dachte für mich: „Missionarin bin ich, wo ich geh und steh, wo immer der Herr mich gebrauchen will. Er hat immer einen Weg bereit." Darum wollen wir ihn machen lassen.

Die Zeit in Tsing-Tau wurde mir zum großen Segen, und ich freute mich ganz herzlich an dem, was der Herr tat.

Ihm sei Preis und Ehre jetzt und allezeit.

Die Moskitos und die Grashüpfer

Später konnte ich ein Häuslein am Meer mieten. Als ich es bezog, freute ich mich riesig. Ich hatte eine wunderschöne Aussicht auf das Meer und rings ums Häuslein einen Garten, wie ich es mir nicht schöner wünschen konnte. Leider hatte ich aber kein Moskitonetz dabei, und erst jetzt merkte ich, wie viele Moskitos in meinem Zimmer waren. Was sollte ich nur tun? Zurückkehren in die Stadt konnte ich um diese

Zeit nicht mehr. Ich hatte ja mehr als eine Stunde zu gehen. „Ach", dachte ich, „das wird eine ungemütliche Nacht werden." So wußte ich nichts anderes zu tun, als meine Not dem Herrn zu klagen. „Herr Jesus, bitte hilf mir, daß ich trotz der vielen Moskitos gut schlafen kann."

Auf einmal kamen eine ganze Anzahl Grashüpfer zur Tür herein. „Auch das noch", seufzte ich. Die Hüpfer waren ganz unansehnliche Tiere, mit langen Beinen und einem dicken Leib wie große Spinnen. Die hüpften überall hinauf, hinunter, hopp, hopp . . .

Es war mir ein Rätsel, wie die Grashüpfer so plötzlich wie auf Kommando in meine Wohnung eindrangen. Es kam mir nicht in den Sinn, das könnte eine Gebetserhörung sein. Ich nahm den Besen und fegte die ungemütlichen Eindringlinge energisch wieder zur Tür hinaus. „Macht, daß ihr rauskommt!"

Jetzt erst merkte ich, daß ich fast keine Moskitos mehr im Zimmer hatte. Die Grashüpfer hatten die Moskitos gefressen! Das war also die Gebetserhörung, und ich jagte sie mit dem Besen zur Tür hinaus!

Die Moskitos nahmen rasch wieder zu, als sie sich sicher fühlten vor dem Hunger der Grashüpfer.

Ich beugte mich von Herzen und sagte: „Ach Herr Jesus, wie bin ich töricht gewesen. Du hast mein Gebet erhört und hast mir Hilfe gesandt, und ich habe sie nicht erkannt. Mach doch, daß die Grashüpfer wiederkommen."

Und wirklich, als ich die Tür aufmachte, kamen sie wieder hereingehüpft. Sie hatten es mir also verziehen, daß ich sie so rauh behandelt hatte. Bald war das ganze Zimmer von den Moskitos befreit, und ich konnte mich ohne Angst zu Bette legen.

An die Grashüpfer hatte ich mich ja bald gewöhnt. Das waren meine kleinen, vom Herrn gesandten Diener. Für alle Fälle schützten sie mich vor den Moskitos.

„Ich danke dir, Herr, für deine Gebetserhörung. Auch wenn

sie etwas seltsam ist, so freue ich mich doch von Herzen. Gelobt sei dein Name. Amen."

Die jüdischen Familien und das Judenbüble

Zu Hause in Deutschland war schreckliche Judenverfolgung, bei uns durften sich die Juden frei und sicher fühlen.

Es war für mich eine ganz besondere Freude, mit Judenfamilien in Kontakt zu kommen. Drei Familien besuchte ich öfters und konnte ihnen von Jesus sagen.

Ein kleiner Junge jüdischer Herkunft mußte in der Schule viel leiden. Er wurde geschlagen und ausgelacht, weil er an Jesus glaubte. Eines Tages kam er ganz zerschlagen heim mit einem blutigen Gesicht. Als ihn seine Mutter sah, war sie ganz entsetzt und sagte zu ihrem acht- oder neunjährigen Bub: „Du hättest dich wehren sollen. Wenn sie dich schlagen, dann schlag zurück."

Diese Worte betrübten den Jungen sehr. Er ging zu seiner Großmutter und sagte: „Großmutter, wie kann ich zurückschlagen, wenn der Herr Jesus sich ans Kreuz nageln ließ und dort für mich gestorben ist, ohne sich zu wehren? Wie soll ich mit Bösem vergelten, wo der Herr nur Liebe gegeben hat?"

Als ich das hörte, freute ich mich ganz herzlich an der Einstellung des lieben Jungen. Der nahm sein Vorbild am Herrn Jesus und hatte ihn so lieb, daß er das Wort des Heilandes beherzigte: „Liebet eure Feinde; segnet, die euch fluchen; tut wohl denen, die euch hassen; bittet für die, so euch beleidigen und verfolgen, auf daß ihr Kinder seid eures Vaters im Himmel . . ." (Matth. 5, 44. 45 a).

Ich glaube, daß der Herr ihn reichlich getröstet und ihm weitergeholfen hat. Wer sich zu ihm hält, darf erfahren, daß Gott sich in wunderbarer Weise zu ihm stellt.

Ich hoffe sehr, den lieben kleinen, tapferen Jungen von damals im Himmel wiederzusehen.

Ja, so kann der Herr bei groß und klein eingreifen und helfen. Er schenkt Freude, Frieden, ewiges Leben. Er kann erretten, erlösen und erquicken. Er ist wunderbar und heißt Wunderbar. „Oh, du bist ganz herrlich, lieber Herr Jesus. Ich rühme deinen Namen, der über alle Namen ist, und bete dich an. Amen."

Die russische Familie

In Tsing-Tau befand sich auch eine wunderschöne russisch-orthodoxe Kirche. Es kamen viele Flüchtlinge von Rußland herüber. Vor allem die Gläubigen mußten fliehen, wenn sie nicht eingekerkert oder hingerichtet werden wollten. Für viele war eine ganz schwere Zeit angebrochen.

Ich ließ mir sagen, in der russischen Kirche sei ein wunderbares Christusbild. Das interessierte mich, und einmal, als ich gerade in der Nähe war, trat ich in die Kirche und sah mir das Bild an.

Außerhalb der Kirchentür saß eine Russin, die auch Englisch verstand. Ich grüßte sie freundlich, und sofort bat sie mich, ich möchte doch so lieb sein und sie einmal besuchen. „Ich besuche Sie gerne", entgegnete ich, „sofern ich meine Bibel mitbringen darf." Die dürfe ich ohne weiteres mitbringen.

Gut, ich besuchte die Frau und wurde mit so viel Liebe empfangen, daß ich mich bald mit ihr befreundete.

Sie erzählte mir aus ihrem Leben und aus ihrer Familie. Ihre Mutter, die bei ihr wohnte, war Offizierswitwe, und ihr Mann war polnischer Herkunft und römisch-katholisch. Sie und ihre Mutter waren griechisch-katholisch, und ich war evangelisch.

So hielten wir gemeinsam Bibel- und Gebetsstunde.

Die Familie lebte in bitterster Armut, noch ärmer als unsere armen Chinesen. Gerne hätte ich die Frau unterstützt, aber ich hatte selber nicht viel. Ich bat sie, mir Russisch-Unterricht zu geben, wofür ich ihr dann jeweils etwas gab.

Gerne entsprach sie meinem Wunsch, und ich hatte Freude, ein bißchen Russisch zu lernen aus Liebe zu meinen russischen Freunden. Ich brachte es zwar nicht gerade weit, aber doch so weit, daß ich in ihrer Bibel aufschlagen konnte, was sie lesen sollten. Jedesmal, wenn ich zu ihnen kam, konnte ich ihnen auf diese Weise Trost und Erquickung bringen. Oh, der Herr ist wunderbar!

Die jüngere Frau, die mir Stunden gab, besuchte mich ab und zu in meiner Wohnung. Dann sagte sie jeweils: „Wenn ich zu dir komme, dann meine ich immer, ich sei im Himmel." — Was sie sich unter Himmel vorstellte, weiß ich nicht. Jedenfalls war's bei mir noch lange nicht wie im Himmel; aber für sie bedeutete es ein Stück Himmel, und ich ließ ihr die Freude.

Ich freute mich, daß ich ein Zeugnis und Vorbild sein durfte für sie.

Bald darauf wurde sie in die Ewigkeit abberufen. Ich glaube, daß ich sie bei Jesus wiederfinden darf. So hat der Herr seine Auserwählten rings um die Erde aus allen Nationen.

„Lieber Heiland, vielen Dank, daß du mich mit dieser Familie zusammengeführt hast, daß ich ihnen von dir sagen durfte. Habe du Dank für alle Menschen, mit denen du mich in Tsing-Tau zusammengeführt hast. Gelobt seist du in Ewigkeit. Amen."

Die Pilze auf der Wiese

Wir wohnten am Meer draußen, ziemlich weit von der Stadt entfernt. Weit und breit hatten wir keine Möglichkeit, Nahrungsmittel einzukaufen. Zum Glück kam jeden Tag ein Gemüsemann, bei dem wir etwas kaufen konnten.

Nun hat der Herr Jesus mir eines Tages Leute gesandt, mit denen ich über IHN sprechen durfte. Das war für mich eine große Freude und eine Überraschung; aber ich verpaßte dadurch den Gemüsemann.

Als die Leute fortgingen, war es schon zu spät, um noch etwas kaufen zu können. Nun wußte ich gar nicht, was ich essen sollte. Ich glaube, ich hatte noch ein paar Kartoffeln; aber ich hätte gar zu gerne noch ein gutes Gemüse dazu gehabt.

„Lieber Heiland", betete ich, „ich hätte doch so gerne Gemüse gekauft, aber der Gemüsemann ist schon fort, und das Gemüse, das ich im Garten angepflanzt habe, ist noch zu klein, und vor dem Haus ist nichts als eine große Wiese, bitte hilf du mir." Da hörte ich den Herrn Jesus zu mir sagen: „Elisabeth, geh auf die Wiese."

Ohne zu wissen, was ich dort tun sollte, ging ich vors Häuslein auf die Wiese. Im Nachbarshaus wohnte die Missionarsfamilie Baer.

Als ich auf die Wiese kam, guckte ich mich nach allen Seiten um, ob ich etwas Besonderes entdeckte. Ich wußte ja, daß da kein Gemüse zu finden war. Ich ging hin und her und paßte gut auf. Da auf einmal dachte ich: „Was ist denn bloß das, was da aus dem Boden herausschaut?" Ich bückte mich und fand einen guten, eßbaren Pilz. Ganz beglückt über diese Entdeckung suchte ich weiter und fand eine ganze Anzahl guter Pilze, so daß ich mir ein herrliches Mittagessen bereiten konnte.

„Wie kommt denn nur das, daß auf meiner Wiese Pilze wachsen?" dachte ich bei mir selber. Ich hatte nämlich dort vorher noch nie einen gesehen. Von ganzem Herzen bedankte ich mich bei meinem guten Herrn, daß er für mich hat Pilze wachsen lassen, weil ich wegen ihm, wegen seiner Sache den Gemüsemann verpaßt hatte. — Ist er nicht wunderbar?

Zweimal hat der Herr mich das erleben lassen, um mir zu zeigen, daß ich gar nichts zu sorgen brauche. Meine größte Sorge soll der Aufbau seines Reiches sein; alles andere will er übernehmen. Er sagt ja so schön in der Bergpredigt:

„Trachtet am ersten nach dem Reich Gottes und nach seiner Gerechtigkeit, so wird euch solches alles zufallen" (Matth. 6, 33).

Mit diesem Erlebnis rief mir Gott wieder in Erinnerung, was ich ihm einst im Missionshaus in Liebenzell versprochen hatte: „Herr Jesus, ich will jetzt immer an deine Sache denken; wenn ich aber meine darüber vergesse, dann sorge du für mich." — Er hat's getan! Er hat mich nie vergessen. Ihm sei ewig Preis und Ruhm dafür.

„Lieber Heiland, schenk mir's immer mehr, ein lebendiges Zeugnis zu sein für dich, daß du hoch gerühmt werdest, es sei durch Leben oder durch Tod. Laß auch dieses Büchlein, das hinausgeht, für viele Menschen zum Segen sein, daß sie es wagen, in ganzer Nachfolge den Weg zu gehen, den du sie führen willst, und dir durch ihr Leben und durch ihren Wandel Freude zu bereiten. Ich danke dir, daß du dich noch vielen offenbaren willst. Amen."

Im Kindergarten

Einmal bat mich eine unserer Schwestern, die den Kindergarten leitete, für sie eine Stunde zu übernehmen. Das tat ich gerne und ging also zu den Kleinen. Da war noch ein größeres Mädchen auf Besuch, das auch gerne der Kinderstunde beiwohnen wollte.

Ich erklärte den Kindern anhand eines Bildes, das ich bei mir hatte, den Unterschied zwischen einem schwarzen und einem weißen Herzen.

Auf einmal fing das deutsche Schulmädchen bitterlich zu weinen an und sagte: „Ich möchte so gerne ein weißes Herz. Ich bin so böse. Mein Herz ist schwarz; aber ich möchte gerne in den Himmel kommen." Ich fragte sie ganz lieb: „Sag mal, warum weißt du, daß du ein schwarzes Herz hast?" — Ganz spontan kam die Antwort: „Weil ich meiner Mutter nicht immer gehorchen kann. Bitte, hilf mir doch, daß ich ein weißes Herz erhalte."

Ich erzählte den Kleinen weiter von Jesus, wie er auf diese Erde gekommen sei und wie er von bösen Menschen grausam ans Kreuz geschlagen wurde. Ich führte ihnen die schrecklichen Qualen vor Augen und erklärte ihnen die Bedeutung des Blutes Jesu, das für unsere Sünden vergossen wurde.

„Weil wir so böse und verloren waren, ist Jesus am Kreuz für uns gestorben. Wer an Jesus glaubt, erhält ein weißes Herz und wird ganz fröhlich. Jesu Blut wäscht unsere Herzen rein, und wer ein reines Herz hat, der darf einmal zu Jesus in den Himmel gehen."

Das Mädchen war noch nicht beruhigt. Es sagte: „Ach bitte, Missionarin, darf man das nicht dem Herrn Jesus sagen?" — „Doch", antwortete ich ermunternd, „wenn man ein weißes Herz haben will, kann man es ihm sagen." — „Bitte, Missionarin", bettelte das Mädchen, „kann ich es ihm nicht jetzt gerade sagen?" — „Doch, das darfst du gerne tun", erwiderte ich.

Und dann begann zu meinem großen Erstaunen die etwa Acht- oder Neunjährige vor allen zu weinen und den Herrn um Vergebung all ihrer Sünden zu bitten. „Herr Jesus, bitte, nimm mir mein schwarzes Herz und gib mir ein weißes. Ich danke dir, daß du für mich gestorben bist. Ich danke dir für dein Blut, das du für mich vergossen hast."

Das war ganz wunderbar, daß das Mädchen gerade im Kreis all der Kleinen ihr Herz und Leben Jesus übergab. Das war ein wunderbares Zeugnis.

Ich erfuhr dann von dem Mädchen, wo es zu Hause war und wer seine Eltern waren. Ich hatte schon von ihrem Vater gehört und wußte, daß er ganz gegen die Gläubigen eingestellt war; aber ich wußte, daß der Herr Kraft genug hat, ein kleines Schäflein durchzubringen.

Später einmal besuchte ich das Mädchen zu Hause und fragte: „Wie geht es dir? Betest du noch?" — Ja, sie betete ganz im Verborgenen. Sie hatte ihren Heiland sehr lieb und diente ihm von Herzen. Das hat mich sehr gefreut. Sie fragte mich noch allerlei, was ihr Herz bewegte, und sagte mir auch, daß ihr Vater einen Posten suche in einem andern Land; aber es sei sehr schwierig, eine Stelle zu erhalten. Ob man das auch dem Heiland sagen dürfe? — „Ja gewiß", antwortete ich. „Du darfst alles, was immer dich bewegt, deinem Heiland bringen. Er erhört Gebete und kann dich bewahren. Vertrau ihm!"

Später hörte ich, daß die Familie in ein anderes Land gereist sei. Also hat der Herr das Gebet seiner kleinen Dienerin erhört. Möge der Herr sie geleiten und segnen und bewahren!

Dem Herrn, der Kinderherzen bewegen kann, sei Lob und Dank von ganzem Herzen.

Am Grab der lieben Missionarin, Abschied von Tsing-Tau

Vier Jahre waren verflossen, und immer noch waren wir in Tsing-Tau. Es dauerte lange, bis wir die Heimreise-Bewilligung erhielten und bis sich uns eine Möglichkeit bot, heimzureisen.

Eines Abends geschah etwas, was uns alle tief erschütterte. Die liebe, gottbegnadete Missionarin, die so vielen Menschen zum Segen geworden war, wurde auf unerklärliche Weise am Straßenrand durch ein Auto vom Arm ihres Sohnes weggerissen und tödlich verletzt.

Das war ein schwerer Schlag für alle, die diese Mutter in Christo gekannt hatten, und für die Missionsarbeit war es — menschlich gesprochen — ein unersetzbarer Verlust.

Ganz Tsing-Tau trauerte um die verunglückte Dienerin des Herrn. Von den Gefangenen und Ärmsten unter der Bevölkerung bis hinauf zu den Offizieren und Beamten hatten ihr viele, viele etwas zu verdanken. Nie habe ich so etwas miterlebt.

Die deutsche Kirche konnte die Leute kaum alle fassen bei

der Beerdigung. Viele Chinesen schluchzten während der Trauerfeier.

Da die Chinesen zum Teil von weither dem Begräbnis beiwohnen wollten, hatten die Amerikaner extra einen Transportdienst organisiert, um die vielen Chinesenfrauen, die nicht gut zu Fuß waren, zum Friedhof zu fahren.

Eine unvorstellbar große Menschenmenge gab der Missionarin das letzte Geleit. Eine Fürstin hätte nicht mit größerer Ehrerbietung zu Grabe getragen werden können.

Ich konnte es kaum begreifen, daß das der Abschied sein sollte. Eine Zeitlang hatte ich ja bei ihr wohnen dürfen, und nun sollte die Schwester, die mir so viel bedeutete und mir so viel mitgeben konnte, nicht mehr zu sehen sein auf der Straße, in der Kirche und in ihrem kleinen Häuslein. Das konnte ich einfach nicht fassen. Sie war ja erst fünfzig Jahre alt. Und doch — der Herr hatte sie nach ewigem, unerforschlichem Ratschluß zu sich geholt.

Und ihre beiden Söhne? — Für sie war der Schmerz sehr groß, aber sie wußten die liebe Mutter bei Jesus in der Herrlichkeit, und darum konnten sie, als man ihnen nach jenem tragischen Unfall die sterbliche Hülle der Mutter ins Haus brachte, an ihrem Sarg ihr Lieblingslied singen:

Laßt mich gehn, laßt mich gehn,
daß ich Jesum möge sehn!
Meine Seel ist voll Verlangen,
ihn auf ewig zu umfangen
und vor seinem Thron zu stehn.

Wie wird's sein, wie wird's sein,
wenn wir droben ziehen ein,
in die Stadt der goldnen Gassen;
Herr, mein Gott, ich kann's nicht fassen,
was das wird für Wonne sein!

Auf der einen Seite das Mitfreuen mit der Vollendeten, auf der andern Seite die schmerzliche große Lücke!

Bald darauf erhielten wir Bericht, wir könnten uns zur Reise bereitmachen. Mit einem Schiff sollten wir nach Deutschland gebracht werden. Die zwei Söhne meiner heimgegangenen Freundin schlossen sich uns an. Es war rührend zu sehen, mit welcher Liebe auf dem Schiff alles für uns bereitet wurde.

Bald kam der Abschiedstag. Vor uns lag das weite Meer, hinter uns Tsing-Tau und China. Ich wußte nicht, daß ich zum letztenmal in meinem Leben China sehen sollte, denn bald nach unserer Heimkehr gingen die Türen in China zu, und wir konnten nicht mehr ausreisen.

Noch einmal dachte ich darüber nach, wie treu doch der Herr alles geführt hatte, wie oft er uns aus Gefahren und Nöten errettet hat und wie vielen Menschen wir von ihm sagen durften.

„Herr, segne sie alle, die deine Kinder geworden sind. Bewahre du sie in den schweren Zeiten der Verfolgung. Erbarme dich über alle, die dein Wort gehört, aber nicht angenommen haben. Bring sie zu dir. Erbarme dich über die vielen, vielen Millionen Menschen in China, die noch nichts oder nichts mehr von dir hören durften . . ."

Es ist nicht einfach, Abschied zu nehmen — und doch — wir sind Pilgrime, deren Vaterhaus droben ist. Es ist so, wie der Liederdichter schreibt:

> Nach der Heimat sehnt sich oft mein Herz,
> in der Fremde, da gibt's Heimwehschmerz;
> denn hier unten bin ich nicht daheim,
> o nein, dort oben ist die Heimat mein.

Was wird das sein, wenn an jenem herrlichen Auferstehungsmorgen die Verklärten einander begrüßen werden im Licht und in der Gegenwart des erhöhten Herrn. Ein glorreicher Tag wird das sein!

Wenn der schöne Morgen grauet und die Braut wird heimwärtsziehn,
um für ewig vor dem Gottesthron zu stehn.

Millionen Bluterkaufte, von dem Erdenleid entrückt,
werden Jesus, ihren Herzenskönig, sehn.

Fern von Indien sieht man kommen eine Überwinderschar.
Auch von Afrika sie kommen Stamm für Stamm.
Die mit Freuden dürfen ernten, die mit Tränen mußten sä'n,
dürfen jetzt zusammen preisen Gottes Lamm.

Wenn von Chinas Millionen große Scharen ziehen ein,
auch von vielen Inseln kommt die Siegesschar,
dann vergessen wir die Schmerzen, samt manch bittrer Not und Leid,
und wir bringen unserem Heiland Huld'gung dar.

Die Gefang'nen von Sibirien kommen frei von Angst und Not,
Brasilianer kommen auch mit frohem Mut.
Welchen Jubel, welche Ehre sie dem Heiland bringen dar,
der sie hat erkauft mit seinem teuren Blut.

Laßt uns eilen mit der Botschaft, die uns Jesus anvertraut,
retten will er Gelbe, Schwarze, Weiß' und Braun'.
Sieh, er hat sein Blut vergossen, komm, nimm diese Botschaft an,
dann wirst du für ewig deinen Heiland schau'n.

Wenn die Heiligen er sammelt
aus den Völkern und den Stämmen,
wir dann stehen voll Erstaunen
vor dem Throne seiner großen Herrlichkeit!

III. Wieder in der Heimat

Allerlei Erlebnisse aus dem Reisedienst

Keine Ausreisebewilligung mehr; meine Stellvertreterin

Nach einem Jahr Urlaub hätte ich wieder nach China ausreisen sollen; aber es war leider nicht mehr möglich. Die Kommunisten gewannen die Oberhand in China, und wir erhielten keine Einreisebewilligung mehr. Das zu vernehmen, war nicht einfach für mich. Wie gerne hätte ich meinem Herrn noch länger in China gedient; aber ohne Visum war es nicht möglich zu gehen. Und was hätte auf mich gewartet in China?

So wurde ich Reiseschwester in der Heimat als Fortsetzung des Reisedienstes, den ich in China versehen hatte.

Eines Tages hörte ich, daß zehn Indianerstämme in Südamerika um Missionare baten. Jeder Stamm zähle etwa 10 000 Indianer. Ich weinte und flehte zum Herrn: „Ach Herr, laß mich zu den Indianern gehen, wenn ich nicht mehr nach China gehen kann." Aber leider war ich schon etwas vorgerückt im Alter, daß ich nicht mehr gehen konnte und auch mit dem Erlernen der Sprache etwas Mühe gehabt hätte.

Der Herr zeigte mir aber, daß mir der Missionsbefehl heute genauso gilt wie früher und daß, wenn ich selber nicht mehr gehen kann, ich für einen Stellvertreter zu beten habe.

Das habe ich auch fleißig getan. Da hat der Herr mich auf eine Missionskonferenz nach Beatenberg gesandt, wo ich voller Spannung nach meinem Stellvertreter Ausschau hielt.

Es wurden viele zum Missionsdienst eingesegnet und gaben ihr Zeugnis, aber niemand wollte zu den Indianern gehen — bis auf die letzte. Sie sagte am Schluß ihres Zeugnisses:

„Und nun darf ich bald zu den Indianern nach Peru gehen."

Das also war meine Stellvertreterin. Von ganzem Herzen dankte ich meinem lieben Heiland für die wunderbare Gebetserhörung.

Ich suchte die junge Missionarin auf, wünschte ihr Gottes reichen Segen und erzählte ihr von meiner Gebetserhörung. Das gab ihr Mut und Freude.

Der Herr hat sie behütet auf dem Weg, und seither hat sie mir schon vieles geschrieben, wie es geht und wie der Herr an den Indianern wirkt. Sie haben bald mit einer Bibelschule begonnen, von wo aus Segensströme fließen. Schon etliche Seelen durften Jesus als persönlichen Heiland erleben. Und nun sind schon einige indianische Evangelisten soweit ausgebildet, daß sie ihren Landsleuten die Botschaft bringen können.

O wie herrlich, einen Stellvertreter im Heidenland zu haben, sogar bei den Indianern. Das war für mich eine wunderbare Gebetserhörung. So kommt der Herr seinen Kindern entgegen. Also auch durch meine Stellvertreterin darf ich Seelen werben im dunklen Heidenland.

Gelobt sei der Herr, und sein Name sei gepriesen!

Freude am offenen Grab

Als ich noch nicht lange zu Hause war, gab mir der Herr den Auftrag, zwei Schwestern im Herrn zu besuchen. „Herr Jesu", fragte ich ihn, „wohin soll ich zuerst gehen? Die eine ruht am Mittag vielleicht aus, und die andere könnte nicht daheim sein."

So frage ich den Herrn immer, damit ich nicht vergeblich hierhin oder dorthin eilen muß. Ich lasse einfach meine Sache über oben gehen, dann erlebe ich, daß Gott mich recht führt.

Er zeigte mir, zu welcher ich zuerst gehen solle, und guten Mutes machte ich mich auf den Weg. Als ich ans Haus der ersten Schwester kam, war die Tür verschlossen und niemand zu Hause. Das gab mir zu schaffen. „Herr Jesus", sagte ich, „ich habe doch gut gehört, was du mir gesagt hast, und ich habe dir gehorcht, und nun ist die Tür verschlossen." — Ich konnte es nicht begreifen, blieb aber nicht lange stehen, sondern suchte die andere Schwester auf, bei der ich einen Besuch machen wollte. „Denk dir mal", erzählte ich ihr, „ich wollte die und die Schwester besuchen, und der Herr Jesus hat mir den Auftrag gegeben, zuerst dorthin zu gehen. Und jetzt bin ich vor eine verschlossene Tür gekommen."

„Ich weiß warum", entgegnete mir die Schwester, „jetzt wird nämlich gerade ihr Vater zu Grabe getragen. Der Friedhof ist gleich da drüben, und wenn du gerne hingehst, geb ich dir schnell etwas Schwarzes zum Anziehen, dann kommst du noch gerade recht zur Beerdigung."

Das ging alles sehr schnell. Ich zog mich rasch um und erhielt noch ein schwarzes Täschlein und schwarze Handschuhe und eilte dem Friedhof zu. Ich hielt mich etwas abseits, bis die ganze Familie am Grab war. Etwas später ging ich zu ihnen, begrüßte sie und kondolierte ihnen.

Das war für sie eine derartige Überraschung, daß sie sich mächtig freuten. Sie wußten nämlich noch gar nicht, daß ich schon zu Hause war von China. Und jetzt stand ich da ganz unerwartet bei meinen lieben alten Bekannten.

Die Freude des Wiedersehens war so groß, daß ich es fast nicht begreifen konnte, daß sie sich in ihrem Schmerz am Grab des Vaters so freuen konnten.

„Elisabeth ist von China zurückgekehrt und ist zu Vaters Beerdigung gekommen", hörte ich ganz laut sagen.

Nun also begriff ich, warum ich zuerst vor die verschlossene Tür mußte, sonst hätte ich die andere Schwester gar nicht gefragt und hätte auch von der Beerdigung erst nachträglich erfahren.

So hat der Herr seine Wege. Und wenn es zuerst so aussieht, als habe man nicht richtig gehört, so hat er doch oft seine verborgenen Absichten, die wir mit unserem kurzen Verstand erst nach und nach erfassen können.

Aufs neue wieder habe ich mich ganz herzlich gefreut, daß ich augenblicklich gehorcht hatte. Durch das Erlebnis wurde mir wieder ganz neu bewußt, wie wichtig es ist, auf die Stimme des Herrn zu hören. Es ist nicht damit gemacht, daß man sich fast die Beine aus dem Leibe läuft im Dienst für den Herrn und sich dabei keine Zeit nimmt, nach dem Willen des Herrn zu fragen. „Herr Jesus, lehre du es mich besser, auf deine Stimme zu hören und dir augenblicklich Gehorsam zu leisten, wie ich es dir schon versprochen habe."

Gottes Wege sind sehr natürlich, oft unscheinbar, und doch kann man immer etwas Besonderes erleben, wenn man etwas auf sein Geheiß hin tut. Was sollten wir ohne die führende Hand Gottes tun?

Er hat schon zur Zeit des Alten Bundes seinen Dienern den Weg gezeigt. Von Mose heißt es: „Er hat seine Wege Mose wissen lassen, die Kinder Israel sein Tun" (Ps. 103, 7). Zu David sagt er: „Ich will dich unterweisen und dir den Weg zeigen, den du wandeln sollst; ich will dich mit meinen Augen leiten" (Ps. 32, 8).

Ihm sei Lob und Ehre für sein Lieben und Führen. Ja, „er erquicket meine Seele; er führet mich auf rechter Straße um seines Namens willen" (Ps. 23, 3).

Erlebnisse mit Kindern

Auf meinen Reisen kam ich öfters an einen größeren Ort, wo viele Kinder waren. Mit großer Freude hielt ich ihnen Kinderstunden, erzählte ihnen von Jesus und freute mich über ihre Aufmerksamkeit. Für sie bedeutete die Kinderstunde sehr viel.

Eines Tages dachte ich, ich müßte doch eigentlich den Kindern auch Gelegenheit geben, sich für Jesus zu entscheiden. Darum lud ich sie ein, ausnahmsweise am folgenden Tag auch zu kommen, und dachte, es wäre vielleicht gut, wenn die ganz Kleinen zu Hause blieben. „Wir kommen morgen nochmals zusammen", teilte ich ihnen mit, „und zwar wollen wir eine Kinderstunde halten für die Größeren, etwa so von zwölf Jahren an aufwärts." — Etliche unter ihnen waren nämlich innerlich sehr angerührt und nach meinem Empfinden bereit, Jesus ins Herz aufzunehmen; darum wollte ich ihnen auch eine Gelegenheit dazu bieten und ihnen behilflich sein.

Am nächsten Tag kam eine Frau zu mir und sagte: „Schwester Elisabeth, mein achtjähriger Junge weint zu Hause, weil er nicht zur Kinderstunde kommen darf. Er hat mir gesagt, nur die Größeren, von zwölf Jahren an, dürften gehen, und er möchte doch auch so gerne zum Heiland kommen." — Ich war ganz überrascht, und vor allem deshalb noch besonders, weil ich den Kindern nicht gesagt hatte, ich wolle sie zur Entscheidung aufrufen. — Ich sagte zu der Mutter: „Schicken Sie nur den Kleinen ruhig, das macht gar nichts. Er soll nur kommen, auch wenn er erst acht Jahre alt ist."

Freudestrahlend kam er in die Kinderstunde, und ich habe mich herzlich gefreut. Ich betete und sang mit den Kindern und stellte sie dann vor die Entscheidung. „Ihr habt jetzt so viel vom Herrn Jesus gehört, daß ihr wißt, wie man ihm das Herz auftut. Ihr dürft euch jetzt entscheiden."

Ich stellte zwei Stühle vorn ins Zimmer und erklärte den Kindern: „Ich knie an einem der Stühle nieder, und jedes von euch, das sich heute für Jesus entscheiden möchte, darf neben mich hinknien. Schön eins nach dem andern."

Ich kniete nieder mit dem Rücken gegen die Kinder. Bald kniete das erste Kind neben mir, um Jesus anzunehmen. Welche Freude für mich, daß sich so viele entschlossen.

Plötzlich kniete auch der kleine Achtjährige neben mir. Ich schaute ihn einen Moment prüfend an und fragte: „Ja, bist du denn nicht zu klein, um zu Jesus zu kommen?" — „O nein", antwortete er mir ganz entschieden, „der Herr Jesus hat gesagt: ‚Lasset die Kindlein zu mir kommen und wehret ihnen nicht' — und ich bin schon größer als ein Kindlein."

Ich war ganz erstaunt, eine solche Antwort zu erhalten. Ob der Kleine noch weitere solche Fragen fürchtete und dachte, ich könnte ihn am Ende noch an der Bekehrung hindern, ich weiß es nicht. Jedenfalls wartete er nicht, bis ich betete, wie ich es bei allen andern tat. Er fing gerade an und sagte: „Lieber Heiland, nimm mich bitte an", und er bekannte und bereute seine Verfehlungen und dankte von Herzen für die Erlösung, und am Schluß des Gebets fügte er an: „So, lieber Heiland, jetzt gehöre ich dir."

Ich mußte vor Freude lachen für mich.

Als alle bei mir gewesen waren, die sich entscheiden wollten, sagte ich zu den Kindern: „So, jetzt dürft ihr auch für mich beten; ich habe es sehr nötig. Es liegen noch viele Dienste vor mir, und dazu brauche ich viel Kraft."

Der erste, der betete, war der tapfere Achtjährige. Er kam bis zu meinem Namen, dann wußte er nicht mehr weiter. Was sollte er jetzt vom Heiland wünschen für die Schwester? Da ihm gerade nichts Passendes in den Sinn kam, begann er ganz frisch wieder von vorne und kam gerade wieder bis zu meinem Namen. Als er auch diesmal nicht weiter wußte, begann er noch ein drittes Mal von vorne. Ich merkte, daß die andern Kinder ein bißchen lächeln mußten, aber ich schaute sie kurz an, damit doch ja der Kleine, dem es wirklich von Herzen ernst war, nicht gestört werde. Als er wieder zu meinem Namen kam, fügte er hinzu: „Lieber Heiland, gib ihr alles, was sie braucht." Ich war ganz gerührt. In diesem kurzen Satz war ja wirklich alles eingeschlossen, was ich haben mußte.

Wie wahr ist das Wort, daß der Herr sich aus dem Munde der jungen Kinder ein Lob zubereitet hat. „Ja, Lob und Dank sei dir, du großer, herrlicher Heiland. Du hast ja etliche der Kinder schon früh an dein Herz gezogen. Bewahre sie in dir. Amen."

Am selben Ort wurde ich eingeladen, eine Konfirmandenstunde zu halten, aber leider sollte ich sie erst nach der Konfirmation halten. Da wehrte ich mich und sagte: „Ich möchte die Stunde viel lieber vor der Konfirmation halten", was ich dann auch tun durfte. Ich lud zu der Stunde auch die Konfirmanden ein, deren Eltern aus andern Gemeinschaften kamen. Es war mir ein Anliegen, möglichst alle zu erreichen.

Ich bat den Heiland um die rechten Worte für die vielen Jugendlichen, die da vor mir saßen.

„Es ist am schönsten, wenn man als bewußtes Gotteskind an den Altar treten kann und weiß, daß einem die Sünden vergeben sind durchs Blut Jesu", sagte ich ihnen unter anderem. „Wie schade, wenn man noch fern vom Heiland ist und sein Leben noch nicht ihm übergeben hat."

Und, o Wunder, der Herr berührte die Herzen der Kinder, daß sie ein großes Sehnen nach lebendiger Gemeinschaft mit Jesus erhielten. Eins nach dem andern entschied sich öffentlich für Jesus. Da hatte es ja auch etliche dabei, die ich noch gar nie gesehen hatte.

Auf einmal fühlte ich mich gedrängt zu sagen: „Wenn Kinder da sind, deren Eltern in eine andere Gemeinschaft gehen, heißt das nun nicht, daß, wenn ihr zu Jesus kommt, ihr dann verpflichtet wäret, euch hier anzuschließen. Geht nur mit den Eltern, wo die Eltern hingehören; aber wenn jemand nicht weiß, wohin zur Versammlung gehen, dann dürft ihr euch ruhig uns anschließen. So Gott will und wir leben, wird es ja immer wieder Gelegenheit geben, sich gegenseitig wieder zu sehen, etwa an Jahresfesten."

Da standen einige Mädchen auf und sagten zueinander: „Wie gut, daß die Schwester das gesagt hat, nun dürfen wir auch zu Jesus kommen, denn wir gehören ja zu einer andern Gemeinschaft."

Wie froh war ich, daß ich meinem Heiland gehorcht und das gesagt hatte.

Der Heilige Geist hat so wunderbar gewirkt unter der Jugend, daß richtige Erweckungsluft wehte. Mir war es schwer zu denken, daß es das erste und letzte Mal sein sollte, die Konfirmanden vor mir zu haben. Sie baten, ich möchte doch bitte wiederkommen. „Schwester", sagten sie, „wir würden Ihnen gerne das Reisegeld bezahlen, nur damit Sie wieder zu uns kommen." Das freute mich natürlich riesig.

„Nicht wahr, Schwester", fragten sie nach der Stunde, „jetzt sind wir doch alle Brüder und Schwestern?"

Als ich sie später einmal besuchte, erzählten sie mir von ihren Erlebnissen mit Jesus und sagten mir, der Höhepunkt in der Schule sei immer die große Pause, in der sich die Gläubigen aus den verschiedenen Klassen treffen könnten.

Die Konfirmanden wie auch die gläubigen Kinder von der Kinderstunde fragten mich, ob sie nicht auch eine Gebetsstunde bekommen dürften, wie die Großen eine haben. Gerne wollte ich das einrichten, aber bevor alles abgeklärt war, lud ich sie ein, der Gebetsstunde der großen Gläubigen beizuwohnen.

Das gab eine ganz besondere Gebetsstunde. Die Leute waren gewohnt, aufeinander zu warten während der Gebetsstunde, aber da wurden sie überrascht von den Kindern.

Als erster betete mein kleiner achtjähriger Freund. Die Leute sagten mir nach der Gebetsstunde: „Wir müssen uns ja schämen vor den Kindern. Die sind ja näher beim Heiland als wir."

Ich dachte bei mir selbst: „Das schadet euch nichts, daß ihr das gesehen habt."

Der Herr hat wunderbar bewiesen, daß er noch heute lebt und daß sein Wort noch heute die gleiche Kraft hat.

Ihm sei Preis in Ewigkeit!

Eigentümliche Gebetserhörung

Von einem lieben Gotteskind bin ich eingeladen worden, an ihrem Ort eine Bibelwoche zu halten. Gerne entsprach ich dem Wunsch. Ich war ja allezeit bereit, da zu dienen, wo der Herr mich hinsandte und wo Menschen bereit waren, sein Wort zu vernehmen.

So zog ich denn fröhlich los und kam an den bestimmten Ort, wo ich von der lieben Schwester empfangen wurde.

Bevor ich ins Haus kam, überfiel mich ganz plötzlich ein großer Hustenreiz. Ich hatte mich doch gar nicht erkältet und konnte mir einfach nicht erklären, woher plötzlich der schwere Husten kam. Ich mußte den ganzen Tag husten, husten, husten. Ich legte die Not Jesus dar und bat ihn, mir zu helfen. Und siehe da, während der Bibelstunde, die ich halten mußte, brauchte ich nicht ein einziges Mal zu husten; aber nach der Stunde ging es wieder los — und so während der ganzen Woche.

Ich konnte mir einfach nicht erklären, woher der Husten kam. Ich hatte meines Erachtens noch nie vorher in meinem ganzen Leben einen so bösartigen Husten; aber trotzdem hat der Herr Jesus wunderbar geholfen. Während keiner der Stunden, die ich hielt, mußte ich husten.

Die Schwester, bei der ich wohnte, war sehr um mich besorgt und hat auch gut beobachtet, wie ich mich in dieser für mich schweren Zeit verhielt.

Ich ließ mir jedenfalls die Freude am Herrn nicht rauben und lobte und dankte mich durch; denn es steht ja geschrieben: „Wer Dank opfert, der preiset mich." Ich bedankte mich bei meinem Heiland auch für den Husten und dankte ihm, daß er ihn mir auch wieder ganz wegnehmen kann.

Jedenfalls hatte ich je länger, je mehr den Eindruck, als habe ich diesen Husten vom Herrn erhalten, weil er mir vielleicht dadurch etwas ganz Bestimmtes zeigen wollte.

Während der Woche hat sich der Herr mächtig geoffenbart.

Es durften etliche Menschen von neuem geboren werden. Auch eine Pfarrfrau wohnte den Stunden bei.

Weil so viele Mädchen aus dem Dorf gläubig wurden und der Welt mit ganzer Entschiedenheit den Rücken kehrten, wurden die Burschen böse auf mich. Die Mädchen wollten nicht wie üblich zum Tanz gehen, sondern nahmen eine entschiedene Haltung ein. Da drohten die Burschen: „Die fromme Schwester kommt nicht mehr lebendig zum Dorf hinaus." Die Leute, die das hörten, waren in Sorge um mich und baten mich, doch ja nicht den Versammlungsraum zu verlassen, bevor die Straße „sauber" sei.

Das geschah also nicht in China, sondern in der Heimat!

Weil der Herr einen so gewaltigen Durchbruch geschenkt hatte, dachte ich, vielleicht könnte der Husten am Ende noch ein Angriff Satans sein. Ich wußte es einfach nicht.

Der Herr hat mich treu bewahrt. Es durfte mir niemand ein Leid tun. Ab und zu flogen Steine durch die offenen Fenster in den Saal — es war Sommerszeit —, und plötzlich wurde das Licht ausgedreht; aber was tat's. Wenn nur der Name des Herrn verherrlicht wurde. Ich habe ja viele solche Dinge erlebt in Deutschland, und irgendwie hatte ich noch Freude daran, denn die Auflehnung des Feindes war doch immer ein Zeichen dafür, daß der Herr mächtig am Wirken war. Die Heiligen sind ja in Gottes Hand. Er bewahrt und schützt sie.

Mein Herz war voll Lob und Dank über alles, was ich an dem Ort erleben durfte. Tapfer hustete ich weiter.

Gegen Ende der Bibelwoche bat mich meine Gastgeberin um eine Aussprache. Gerne war ich dazu bereit. „Ach", begann sie, „Schwester Elisabeth, ich habe dir etwas angetan, und das ist mir herzlich leid." — „Nein", entgegnete ich, „das hast du nicht, da mach dir nur gar keine Sorgen; ich war ja so gut aufgehoben bei dir." — „Doch", erwiderte sie, „das ist nämlich so: Ich sagte zum Herrn Jesus, ich möchte so gerne einmal sehen, wie ein Gotteskind handelt, wenn es in große Not kommt. Ich bat ihn, mich doch das einmal erleben zu lassen. Nun bin ich also schuld, daß du den Husten bekommen hast, als du hierher kamst, denn du hattest ja keinen vorher. Ich ahnte nicht, daß der Herr mich auf diese Weise erhören würde; aber nun hatte ich Gelegenheit zu beobachten, wie man sich als Kind Gottes verhält, wenn man in Not gerät, auch wenn es sehr schwer ist. Nun bitte ich dich aber herzlich um Verzeihung."

Ich war ganz erstaunt, als ich das hörte. Es war ja wirklich nicht leicht für mich, die ganze Woche diesen schweren Husten herumzutragen und jeden Tag zwei Stunden zu halten und dazu noch vielen Menschen in der Seelsorge zu dienen. Ich hatte der Schwester ja nichts nachzutragen. Wenn sie nur gelernt hat, was sie zu lernen wünschte, dann war es den Husten wert.

Und wirklich, als die Woche zu Ende war, verließ mich der Husten so plötzlich, wie er gekommen war. Nochmals bedankte ich mich ganz herzlich bei meinem Heiland, daß ich sogar noch durch meinen Husten jemandem dienen durfte.

Da sagte der Herr Jesus zu mir: „Weil du gehorcht hast, habe ich dir noch einen besonderen Segen gegeben." — „Welchen, Herr Jesus?" fragte ich erwartungsvoll. Da antwortete er mir: „Ich habe dich dein Kröpflein heraushusten lassen." — Ich griff überrascht an meinen Hals, und erst jetzt merkte ich, daß ich kein Kröpflein mehr hatte. Mein Hals war wieder ganz normal. Welche Freude! Jetzt brauchte ich mir also gar keine Sorgen mehr zu machen wegen einer Operation. Der Herr Jesus hat mich ganz geheilt. So kann der Herr eine Sache lenken und zum besten wenden.

„O du treuer, herrlicher Heiland. Lob und Dank sei dir für deine wunderbare Gnade, daß ich dein Eigentum sein und von dir gebraucht werden darf. Bitte, teurer Herr, brauche du mich immer wie und wo du willst nach deinem heiligen Willen und Wohlgefallen."

„Bezahle dem Höchsten deine Gelübde"

Später kam ich wieder in diese Gegend und konnte meine liebe Schwester im Herrn besuchen. Ich wollte doch einmal schauen, wie's ihr ging. Ganz traurig erzählte sie mir, sie habe der Gluckhenne zweiundzwanzig Eier unterlegt zum Ausbrüten. Es seien alle ausgeschlüpft und gesund und munter gewesen. Nun sei aber die Glucke bei ihrem täglichen Spaziergang immer an einem Rattenloch vorbeigegangen, und jedesmal sei eine Ratte hervorgesprungen und habe eines der Küken mit sich genommen. Sie konnte sich gar nicht vorstellen, warum das so kam. Jetzt habe sie von den zweiundzwanzig nur noch acht, und wenn sie die Glucke anderswo hinausjage, dann komme sie halt doch am Rattenloch vorbei wieder zurück. Sie wisse sich gar nicht mehr zu helfen.

Ich bat sie, mich allein in ein Zimmer gehen zu lassen, um zu beten. Ich legte dem Herrn die Not der Schwester dar und bat ihn um Klarheit und stand nicht von den Knien auf, bis ich Antwort hatte. Da zeigte mir der Herr Jesus, daß diese Schwester ihm versprochen hatte, von allem den Zehnten zu geben. Sie hat also ein Gelübde getan und nicht gehalten. Gott gibt nicht nach, bis das Gelübde erfüllt ist. Ich dankte meinem Heiland für diesen Fingerzeig und ging zu der betrübten Schwester zurück und fragte sie: „Hast du dem Herrn Jesus einmal etwas versprochen?"

Dann fiel es ihr plötzlich ein, und sie sagte ganz beschämt: „Ja, ich versprach ihm, von allem den Zehnten zu geben. Was soll ich jetzt bloß tun? Ich habe ihm keines der Küken gegeben."

„Natürlich ist es ja nicht so gemeint, daß der Herr Jesus nun einfach Küken haben will", erklärte ich ihr. „Aber man kann sie ihm versprechen und sie für ihn großziehen. Damit man sie kennt, legt man ihnen einen Ring oder ein Bändchen um den Fuß, und wenn sie größer werden, kann man das Geld von den Eiern dem Herrn in die Mission geben oder auch den Erlös beim Verkauf der Tiere."

„Das habe ich leider unterlassen“, klagte sie ganz traurig. „Von Herzen gern bin ich bereit, dem Heiland auch von den Küken den Zehnten zu geben. Wie soll ich es nun anfangen?“ — „Jetzt suchen wir das schönste heraus“, riet ich ihr, „und dem legen wir ein Bändchen als Erkennungszeichen um den Fuß, und dann ziehst du es groß für den Herrn Jesus.“

Mit diesem Vorschlag war sie ganz einverstanden. Ich blieb bei ihr über Nacht. Am nächsten Morgen sagte sie mir, sie habe so Angst, die Glucke mit den Küken auszulassen. — „Heute werde ich es für dich besorgen“, gab ich fröhlich zurück. — „Ja, aber paß auf, daß sie nicht zum Rattenloch geht.“ — „Die Glucke kann gehen, wohin sie will“, entgegnete ich, „die Ratten werden kein Küken mehr holen. Sie durften das nur tun, solange du dein versprochenes Gelübde nicht eingelöst hattest; aber jetzt haben sie keinen Auftrag mehr von Gott.“

Ich ging zum Hühnerstall und öffnete die Tür und sagte zur Glucke: „Husch, ins Freie mit deinen Kinderlein, geh, wohin du willst.“ Ich war innerlich ganz sicher, daß sie wieder heimkämen, und schaute ihnen gar nicht länger nach.

Und wirklich, als sie wieder zurückkehrten, waren noch alle acht da. So muß Gott oft Tiere brauchen, um zu den Menschen zu reden. Das hatte mir viel zu sagen: Wie viele Menschen haben dem Herrn gegenüber schon Gelübde getan, und wenn sich die Zeiten änderten, blieben die Gelübde vergessen.

Wie viele Männer gaben dem Herrn ein Gelübde auf dem Schlachtfeld, sie wollten mit dem Halten von Hausandachten anfangen, wenn sie je wieder heimkämen. Gott hat sie erhört. Sie kamen wieder nach Hause; aber wo blieben die Hausandachten?

Gott läßt sich da nichts nehmen. Wenn Menschen ein Gelübde tun, dann hat Gott auch das Recht, die Einhaltung desselben zu verlangen. Das wollen wir uns merken. Gott gebe Gnade, daß wir uns allezeit nach seinem heiligen Willen ausrichten und ihm geben, was ihm gehört.

Eine Tafel gute Schweizerschokolade

Diensthalber kam ich wieder einmal in die Schweiz. Es war ganz kurz nach Kriegsende, wo bei uns in Deutschland noch so viel Armut und Elend herrschte. Darum war es für mich ganz überraschend, in der Schweiz so viel Schönes und Gutes zu sehen.

Vor einem Schaufenster mußte ich stille stehen und die schönen Schokoladentafeln bewundern. Es war lange her, seit ich die letzte geschmeckt hatte. Schon allein durchs Ansehen derselben konnte ich mich erfreuen, ich brauchte sie ja nicht zu haben.

Da wurde ich innerlich gedrungen, für eine Tafel Schokolade zu beten. Ich mußte lächeln für mich und dachte: „Ich brauche doch nicht um eine Schokoladentafel zu bitten; ich brauche ja gar keine. Ich kann sie ja im Schaufenster ansehen."

Aber der Herr hat mich gemahnt, ich soll doch um eine Tafel bitten. Da sagte ich: „Lieber Heiland, wenn du mir gerne eine Tafel Schokolade schenkst, dann tu es bitte."

Ich ging weiter, wußte aber den Weg nicht so recht. Da kam gerade ein Fräulein des Wegs. Ich fragte sie: „Bitte, entschuldigen Sie, können Sie mir sagen, welchen Weg ich einschlagen muß, um da und da hin zu kommen?"

Ehe sie mir Antwort gab, meinte sie: „Sie sind auch nicht von der Schweiz?" — „Nein", entgegnete ich, „ich komme von Deutschland." Darauf fragte sie mich ein bißchen aus, wie es gehe draußen und wo ich herkomme und was ich mache. Es interessierte sie sehr zu hören, daß ich als Missionarin erst unlängst aus China zurückgekehrt war.

Sie erklärte mir den Weg, und bevor sie weiterging, fragte sie: „Nicht wahr, ich darf Ihnen eine kleine Freude machen?"

und zog eine Tafel Schokolade aus ihrer Tasche und überreichte sie mir. Ich mußte gerade laut lachen, als ich das sah, und erzählte ihr die Schokoladengeschichte.

„Ach Herr, wie bist du freundlich!" Es macht ihm auch Freude, seinen Kindern ab und zu eine Extrafreude zu bereiten.

Ich bedankte mich ganz herzlich für die Schokoladentafel. Mir kam das Wort in den Sinn: „Ehe sie rufen, will ich antworten; wenn sie noch reden, will ich hören" (Jes. 65, 24).

Preis sei seinem herrlichen Jesusnamen!

Neuer Auftrag für eine kranke Krankenschwester

Als ich mit der Eisenbahn Richtung Bern fuhr, traf ich mit einer Krankenschwester zusammen, die sehr bedrückt aussah. Wir kamen miteinander ins Gespräch, und da erfuhr ich, warum sie so traurig war. „Ich bin noch gar nicht alt", sagte sie, „und doch muß ich meinen schönen Beruf aufgeben. Ich bin krank geworden und hätte doch so gerne noch den Armen, Kranken und Elenden weiter gedient. Es ist mir, als habe ich jetzt gar keine Aufgabe mehr für den Herrn, und doch möchte ich so gerne noch etwas tun." — Ich fühlte mit der Schwester und begriff sie ja sehr gut. Ich versuchte, ihr Mut zu machen, und ermunterte sie, weiter dem Herrn zu vertrauen, der keine Fehler mache.

In Bern stiegen wir aus und gingen miteinander vom Bahnsteig die Treppe hinunter dem Ausgang zu. Da sagte ich zu ihr: „Der Herr Jesus hat eine ganz große Aufgabe für Sie bereit, auch wenn Sie ihm jetzt nicht mehr in Ihrem Beruf dienen können." — „Was will er denn von mir haben?" fragte die Schwester erwartungsvoll. „Ich bin ja krank und arbeitsunfähig erklärt worden." — „Eben gerade darum hat der Herr eine andere Aufgabe für Sie bestimmt", fuhr ich fort. „Ich glaube, der Herr Jesus möchte Sie als Beterin gebrauchen, der er unablässig Gebetsaufträge geben kann aus seiner weltumspannenden Arbeit." Da atmete sie tief auf und sagte erleichtert: „Also gibt es doch noch eine Arbeit für mich."

Ich erzählte ihr noch ein bißchen, wie notwendig es ist, daß für die Missionsleute gebetet wird, und daß der Herr Jesus geheiligte Leute sucht, die diesen hohen Dienst versehen können. Ganz beglückt sagte mir die liebe Schwester: „Jetzt ist mir gar nicht mehr bange vor der Zukunft. Jetzt habe ich einen Auftrag erhalten, der so groß und so wichtig ist, daß er mich ganz in Beschlag nimmt. Der Herr Jesus hat ja die Verantwortung übernommen, und er wird mich sicher führen und leiten. Jetzt darf ich ja noch viel mehr tun, als ich vorher unter den Kranken tun konnte."

Beglückt und getröstet gingen wir auseinander. Jesus hat ihr eine neue Vision für ihren Dienst gegeben.

Ich kannte die Krankenschwester nicht, habe sie auch seither nie mehr gesehen; aber ich weiß, daß, wenn sie dem Ruf des Herrn Folge geleistet hat, sie ein ganz glückliches und erfülltes Leben haben wird in Gemeinschaft mit ihrem Heiland.

„O Herr, wie bist du freundlich, gnädig und gütig. Wir rühmen deine Güte und beten dich an."

Die Reise nach Bayern

Auf einer Reise durch Bayern erlebte ich die Güte und Gnade des Herrn in reichem Maß. Ich kam in eine Familie, wo die Hausmutter ein brennendes Herz hatte für Jesus. Sie hatte ein kleines Kindlein. Ihr Mann war die ganze Woche im Geschäft; aber am Sonntag hütete er das Kind, damit die Frau den Kindern und den Jugendlichen im Ort nachgehen konnte, um sie für Jesus zu werben.

In dem Ort wurde ich auch eingeladen, den Konfirmanden eine Missionsstunde zu halten. Es war der letzte Sonntag vor der Konfirmation. Da machte ich sie auf den Ernst der

Konfirmation aufmerksam und zeigte ihnen den Weg zu Jesus so deutlich wie möglich — und der Herr hat eingegriffen.

Etliche wollten den Raum nicht eher verlassen, bis sie Gewißheit der Sündenvergebung hatten. Als das die andern merkten, zogen sie rasch ihre Mäntel und Jacken an und gingen auf und davon.

Alle, die in der Stunde Jesus angenommen hatten, blieben zurück und beteten für diejenigen, die davongelaufen waren, damit sie der Geist Gottes nicht in Ruhe lasse, bis auch sie zu Jesus gekommen seien.

Und siehe da, am nächsten Morgen suchten mich einige Mädchen auf und bekannten, sie hätten nicht schlafen können wegen ihren Sünden. Sie möchten auch zu Jesus kommen und ihr Leben in Ordnung bringen.

So haben sich zuletzt alle aus der Konfirmandenklasse für Jesus entschieden. Ich konnte nur noch loben und danken. Wir freuten uns ganz herzlich an der großen Barmherzigkeit Gottes.

Als guter Hirte geht er den verlorenen Schafen nach in der Wüste, bis er sie findet. Ach, daß sich doch alle finden lassen möchten!

Für schulentlassene Töchter konnte ich an dem Ort auch noch eine Missionsstunde durchführen. Die Mädchen kamen zum Teil von auswärts und besuchten da eine höhere Schule. Der Heilige Geist wirkte spürbar, und viele übergaben ihr Leben dem lieben Heiland. Ganz verändert gingen sie am nächsten Tag wieder in die Schule.

Nach einigen Tagen fragten ihre Mitschülerinnen ganz verwundert: „Was ist denn mit euch los? Warum seid ihr so anders, so froh und glücklich? Warum helft ihr nicht mehr Dummheiten machen wie früher?"

Dann erzählten sie von der Missionsstunde und von ihrer Entscheidung für Jesus. „Wir sind darum so froh, weil Jesus uns unsere Sünden vergeben hat. Wir brauchen all das Verkehrte und Sündige, das wir vorher machen mußten, nicht mehr zu tun. Jesus hat uns frei gemacht."

Von diesem Zeugnis waren etliche der Mitschülerinnen so überrascht und begeistert, daß sie sofort fragten: „Wo kann man so glücklich werden?" — „Die Schwester, die uns den Weg zu Jesus gezeigt hat, ist leider nicht mehr da", antworteten die Gefragten, „sie ist weitergereist."

Wie machte ich große Augen, als mich eines Tages eine Anzahl Mädchen besuchten und mir erzählten, sie hätten für einen Nachmittag Urlaub gefragt in der Schule, um zu mir zu reisen mit der Eisenbahn.

„Warum seid ihr denn zu mir gekommen?" fragte ich sie freudig überrascht. — „Wir haben gehört, wie man glücklich wird, und jetzt sind wir gekommen, damit Sie uns den Weg zeigen, wie wir auch so glücklich werden können wie unsere Kameradinnen."

War das ein Freudenfest für mich! — Gerne erfüllte ich ihren Wunsch, und ich glaube, daß sie alle als neue Menschen wieder heimgekehrt sind.

So etwas braucht eine Missionarin, damit ihr Herz wieder ganz froh werden kann, wenn manchmal so manches Schwere und Belastende die Freude rauben möchte.

Ja, wir wollen ihn preisen, unseren mächtigen Heiland und Erlöser. Er tut große Wunder und ist Sieger und lebt auch im Leben der jungen Gläubigen.

Er lebt! Er lebt, der Siegesheld!
Er ist vom Grab erstanden
und wird nicht ruh'n, bis alle Welt
ist frei von Satans Banden.
Er lebt! Er lebt! O zage nicht!
Er muß sein Werk vollenden.
Ob alles wankt und alles bricht,
vertraue seinen Händen!

„Jesu Blut macht allen Schaden gut"

Noch etwas Schönes erlebte ich an dem Ort, wo so viele junge Menschen Jesus finden durften.

In einer Frauenstunde sagte ich, es solle doch bitte niemand zur Tür hinausgehen, der noch im Unfrieden lebe mit jemandem. Ich führte ihnen vor Augen, wie traurig es ist, wenn Gläubige miteinander im Haß und Unfrieden leben.

Am anderen Tag suchten mich einige größere Mädchen auf und sagten: „Schwester Elisabeth, wir möchten Ihnen etwas sagen, was Ihnen bestimmt Freude macht." Da war ich ganz gespannt, was da kommen würde.

„Gestern abend", begannen sie, „waren zwei Frauen in der Versammlung, die sich beide haßten bis aufs Blut. Seit Jahren redeten sie kein Wort mehr miteinander, und fast jedermann im Ort weiß, daß sie nicht miteinander auskommen. Und denken Sie nur, Schwester, jetzt blieben die beiden Frauen gestern abend vor der äußeren Tür stehen und haben sich ausgesöhnt! Sie haben einander um Verzeihung gebeten und haben sich gegenseitig vergeben. Und dann gingen sie miteinander Arm in Arm durchs ganze Dorf, damit jedermann sehen könne, daß sie sich ausgesöhnt haben. Die Leute haben es gesehen und verwunderten sich sehr."

So war Jesus auch Sieger geworden im Leben dieser beiden Frauen. „Ja, Herr Jesus, du bist Sieger über alles, du bringst alles fertig. Du bist der Auferstandene, der die Macht des Feindes gebrochen hat."

War das aber ein unerwartet freudiger Bericht. Von ganzem Herzen freute ich mich mit den Mädchen über das herrliche Eingreifen Gottes.

Gelobt sei sein heiliger Name in Ewigkeit!

Vom Beten und Fasten

Einmal bekam ich ein Büchlein in die Hand mit der Überschrift: „Vom Beten und Fasten."

Da stand unter anderem, daß Gläubige sich zusammengetan haben, um für verschiedene in einem bestimmten Psychiatrischen Krankenhaus zu beten und zu fasten. Und Gott hat ihre Gebete erhört und ihr Fasten gnädig angesehen, und manche konnten gesund aus der Irrenanstalt entlassen werden.

Das hat mich tief beeindruckt, daß ich dachte: „Wenn das Fasten so viel bewirken kann, dann möchte ich auch einmal einen Tag fasten und beten für etwas Besonderes." — Ich sagte es dem Herrn Jesus und bat ihn, mir Klarheit zu schenken in diesem Punkt. Nachdem ich bei mir beschlossen hatte, einen Tag zu fasten, sagte ich im Gebet: „Herr Jesus, wenn es dir gefällt, daß ich faste, dann schenke mir an meinem Fasttag eine Seele für dich als Bestätigung."

An jenem Tag suchte mich eine junge Frau auf, die in großer Not war. Sie erzählte mir, der Feind setze ihr Tag und Nacht schrecklich zu, daß sie sich in letzter Zeit viel mit dem Gedanken beschäftigen müsse, ob es nicht das beste wäre, wenn sie sich mit ihren zwei kleinen Kindern zum Fenster hinaus in den Hof stürze, damit das Leid ein Ende habe.

Ich war tief ergriffen von der Not der jungen Frau, die fast am Verzweifeln war. Ich sprach in aller Liebe zu ihr und sagte: „Da gibt es nur einen Weg. Wenden Sie sich von ganzem Herzen zum Herrn Jesus, er hat den Feind besiegt und kann Sie frei und glücklich machen."

Darauf versuchte ich, ihr Jesus von Herzen lieb zu machen und erzählte ihr von seinen Taten und von seinem herrlichen Erlösungswerk.

Die Frau gab zur Antwort: „Ich sehe, daß es für mich nur noch einen Weg gibt. Entweder ich sterbe mit meinen Kindern oder ich muß mich jetzt bekehren. So weiterleben kann ich nicht."

Endlich durfte das verzagte Herz einen Hoffnungsschimmer sehen und öffnete sich der befreienden Gnade des Herrn Jesu. Als neue, glückliche Frau und Mutter durfte sie nach Hause gehen. — Jesus hatte sie ganz geheilt. Der Feind hatte kein Anrecht mehr an sie.

Als ich sie später wiedersah, konnte ich mich nur von ganzem Herzen freuen an dem, was der Herr getan hatte. Sie hatte eine so nette Familie und liebe Kinder, und alle waren froh.

An jenem Fasttag kam noch eine zweite Frau und bekannte ihre Sünden und machte sich auf den Weg, um verschiedenes in Ordnung zu bringen.

Der Herr Jesus hat also mein Fasten bestätigt und mir damit auch gezeigt, daß es gut ist zu fasten, wenn etwas so Schweres vorliegt wie bei der ersten Frau, damit solche Seelen gelöst werden können.

Damit will ich nicht sagen, man soll einfach drauflos fasten, sondern wenn es uns vom Herrn Jesus gezeigt wird oder wenn eine ganz spezielle Not vorliegt.

Das habe ich durch die Praxis bestätigt gefunden. Es ist ja ganz bezeichnend, wie Jesus das seinen Jüngern erklärt hat, als er vom Berg der Verklärung zurückgekehrt war und einen schwer leidenden Menschen vorfand, dem die Jünger nicht hatten helfen können. Und doch waren die Jünger kurz zuvor von ihrer Missionsreise zurückgekehrt und hatten gerühmt, was sie alles erlebt hatten, daß Kranke gesund geworden waren und sogar Besessene geheilt werden durften — und jetzt standen sie machtlos einem kranken Jüngling gegenüber.

„Jesus aber antwortete und sprach: O du ungläubige und verkehrte Art, wie lange soll ich bei euch sein? Wie lange soll ich euch dulden? Bringt mir ihn hierher! Und Jesus bedrohte ihn; und der Teufel fuhr aus von ihm, und der Knabe ward gesund zu derselben Stunde. Da traten zu ihm seine Jünger besonders und sprachen: Warum konnten wir ihn nicht austreiben? Jesus aber antwortete und sprach zu ihnen: Um eures Unglaubens willen. Denn wahrlich ich sage euch: So ihr Glauben habt wie ein Senfkorn, so mögt ihr sagen zu diesem Berge: Hebe dich von hinnen dorthin! so wird er sich heben, und euch wird nichts unmöglich sein. Aber diese Art fährt nicht aus denn durch Beten und Fasten" (Matth. 17, 17—21).

Der himmlische Vater erhört uns, wenn wir in großer Not zu ihm kommen und er sieht, daß es uns nicht um unsere eigene Ehre zu tun ist, sondern um Seelen für ihn.

Er ist herrlich in seinem Tun. Wir wollen immer besser lernen, zu hören und zu lauschen, was vor ihm gefällig ist. Gelobt sei sein heiliger Name. Er ist der Sieger von Golgatha und Herrscher über alles.

Jesu Liebe siegt; ich brauche nur zu folgen

Als ich wieder einmal an einem Ort eine Versammlung zu halten hatte, kamen so viele Schwestern und Brüder und Unbekannte, daß es eine Freude war.

Ich durfte den Anwesenden von der Liebe Gottes erzählen. Das ist ein so umfassendes Thema, daß man in einer Stunde gar nicht weit kommt.

Beim Auf-Wiedersehn-Sagen bemerkte ein Bruder: „Schwester, ich hätte gerne eine Aussprache." — Da erwiderte ich: „O ja, es kommt ja immer mal ein Bruder hierher. Es freut mich, wenn Sie sich an den Bruder wenden."

Allerdings hörte ich nach der Verabschiedung, daß der Bruder, der die Gemeinde zu bedienen hatte, noch ganz jung und unerfahren sei und daher ältere Leute nicht so schnell das Zutrauen fänden, um sich auszusprechen.

Einige der verantwortlichen Brüder dieses Ortes fielen fast über mich her und sagten: „Aber Schwester, Schwester, was haben Sie getan?" — Ich war mir gar nicht bewußt, irgend etwas Verkehrtes gemacht zu haben, darum fragte ich ganz erstaunt: „Was habe ich denn getan?"

„Jetzt beten wir schon längere Zeit für den Bruder", erklärten sie, „daß er doch einmal jemanden finden möchte, zu dem er Zutrauen hat, um seine Last, die ihn schwer drückt, abladen zu können. Wir wissen nicht, was den Bruder so sehr drückt; wir wissen nur, daß es ihm innerlich nicht gut geht, und darum beten wir für ihn. Und jetzt, heute abend, während Sie von der Liebe Gottes geredet haben, hat Gott unsere Gebete erhört; der Bruder hat Zutrauen gewonnen und möchte sich aussprechen, und Sie senden ihn fort."

Da versuchte ich den Brüdern klarzumachen, daß ich nur mit Schwestern Aussprachen habe; aber das ließen sie mir in dem Falle nicht gelten und sagten ganz ernst: „Schwester, das hätten Sie nicht tun dürfen."

Ich war ganz niedergeschlagen und sagte: „Dann holt doch schnell den Bruder zurück." — „Das geht nicht mehr", entgegneten sie, „der ist ja schon zu Hause." — „Wo wohnt er denn?" fragte ich. — „Da und da", gaben sie zurück. — „Oh, in dem Hause muß ich ja morgen gerade einen Besuch machen."

Am nächsten Tag machte ich den versprochenen Besuch bei einer kranken Schwester. Als ich das betreffende Haus betrat, wurde ich von der Frau jenes Bruders empfangen. Sie begrüßte mich und sagte: „Schwester, was haben Sie gemacht? Wir hatten eine furchtbare Nacht. Mein Mann weinte bitterlich und hatte Herzstöße, daß ich glaubte, er werde den Morgen nicht mehr erleben."

Ich erschrak, als ich das hörte. — Da fragte die Frau: „Nicht wahr, Schwester, Sie erlauben meinem Mann, daß er sich bei Ihnen ausspricht? Er hat sich nicht mehr zu helfen gewußt, und jetzt, wo er endlich einmal zu jemandem Zutrauen gewonnen hat, wäre es unverantwortlich, ihn weiter leiden zu lassen."

Ich war ganz erschüttert. Ich versprach der Frau, mit ihrem

Mann zu reden, und bat sie, ihm auszurichten, er solle in mein Haus kommen, sobald ich wieder dorthin zurückgekehrt sei. Als ich noch am Reden war, kam gerade der Mann zur Tür herein. Er kam auf mich zu, und ich meinte, er wolle mir um den Hals fallen vor Freude, als er hörte, er dürfe zu mir in die Aussprache kommen.

Als ich in mein Zimmer zurückkehrte, beugte ich mich vor meinem Herrn und Heiland, daß ich den Mann weggewiesen hatte.

Dann kam er und schüttete sein ganzes Herz aus. Es war etwas Schweres, und ich begriff gut, daß er so nicht mehr glücklich sein konnte. Ich riet ihm, er solle hinschreiben, damit die Sache auch an der betreffenden Stelle bekannt und geregelt werden könne. „O nein", sagte er, „ich schreibe nicht, ich reise selber hin, um es mündlich in Ordnung zu bringen. Ich will Auge in Auge stehen mit den Betreffenden." Das hat mich herzlich gefreut. Ich bat ihn, mir mitzuteilen, wann er zu gehen gedenke, damit ich für ihn beten könne. „Der Herr Jesus wird alles wohlmachen."

Wir brachten die schwere Last gemeinsam zum Kreuz und durften erfahren, daß Jesus sich mächtig offenbarte und dem vorher schwer leidenden Bruder volle Gewißheit der Sündenvergebung schenkte. Welche Gnade! Welch herrliches Geschenk! „O du treuer Heiland, wie groß und gut bist du. Ich danke dir für die siegende Macht deiner Liebe und deines Blutes."

Ich fühlte mich innerlich gedrungen, der Frau vorsichtshalber mitzuteilen, daß es sich bei dem Bekenntnis ihres Mannes in keiner Weise um eine Eheangelegenheit handle. Weiter habe ich ihr nichts gesagt; aber ich wußte, daß sie durch diese Bemerkung sehr beruhigt wurde. Es ist ja gut zu begreifen, daß sie sich manchmal allerlei Gedanken gemacht hatte.

Der Mann machte sich also auf den Weg. Er hatte eine weite Reise zurückzulegen; aber er wollte von Angesicht zu Angesicht reden mit den Leuten. Ich betete für den Bruder, daß Gott ihm die rechten Worte schenken möchte.

Glücklich kehrte er von seinem schweren Gang zurück und erzählte, daß alles wunderbar gegangen sei, daß man ihm großes Verständnis entgegengebracht und ihm sogar die ganze Schuld erlassen habe. Das hat mich natürlich sehr gefreut.

So kann es auch mal vorkommen, daß man einen Dienst zu tun hat, der einem innerlich widerstrebt; aber der Herr hat Gnade gegeben. „Herr Jesus", bat ich, „führe du mich, wie du willst; ich bin bereit zu gehorchen, wie immer der Weg auch heißt."

Bei all diesen Dingen habe ich immer besser gelernt, dem Herrn zu gehorchen und aufmerksam zu lauschen, was er von mir haben möchte.

Als erlöstes Gotteskind muß der Herr mich senden können, wohin er will und wie er's im Sinn hat, daß sein Wille geschehe. Da kommt ja die Meinung von Elisabeth nicht in Betracht, sondern allein der Wille des Herrn Jesus.

„Lob und Dank sei dir, du treuer Heiland, daß du schon viele Menschenkinder gesucht und gefunden hast und auch hier bei diesem Manne eingegriffen und ihn von seiner jahrelangen Last befreit hast. Du hast ja die Lasten an deinem Leib an das Kreuzholz getragen, damit alle, die an dich glauben, Vergebung ihrer Sünden haben können. Preis sei deinem hochheiligen Namen und deinem heiligen, teuren Blut in Ewigkeit. Amen."

„Halleluja singst auch du, wenn du Jesus siehst"

Als ich einmal längere Zeit zu Hause war, konnte ich Besuche machen. Ich ging den Kranken nach, um mit ihnen zu beten und sie zu trösten.

Da hörte ich von einer schwerkranken Frau, von der man

mir sagte: „Die kannst du nicht besuchen; die will gar nichts wissen von Jesus. Sie öffnet keinem Pfarrer und keinem Frommen die Tür.“ Ich betete für die Frau und sagte: „Lieber Heiland, öffne du mir die Tür bei der Frau, daß ich zu ihr gehen kann und nicht vor verschlossener Tür stehen bleiben muß.“

Als ich von einer Reise zurückkehrte, versprach ich einer Frau einen Besuch. Da sagte der Heiland zu mir: „Elisabeth, gehe jetzt zu der schwerkranken Frau, die nichts von mir wissen will, und besuche sie.“

Unverzüglich machte ich mich auf den Weg und hüllte mich ins Blut Jesu ein. Als ich klingelte, machte mir eine Tochter auf und fragte nach meinem Begehr. Die Tochter kannte mich und sagte, sie wolle gerne die Mutter fragen, ob sie meinen Besuch wünsche.

Ich dachte: „Wenn der Heiland mich hierher sendet, dann tut er mir auch die Tür auf.“ — Ich betete und war guter Zuversicht.

Die Tochter kam wieder an die Tür mit dem Bescheid: „Sie können zur Mutter kommen.“ Das freute mich unerhört. Ich dankte Jesus für diesen ersten Sieg.

Plötzlich stand ich einer abgehärmten Frau gegenüber, die mich prüfend anblickte. Ich erschrak sehr, weil ich die Frau im Bett erwartet hatte. Sie bot mir ihr gegenüber einen Platz an und schaute mich erwartungsvoll an. Ich wußte gar nicht, wie ich das Gespräch anfangen sollte. Ich merkte dem ganzen Benehmen der Frau an, daß ich nicht erwünscht war.

Zuerst stellte ich ihr ein paar Fragen, die sie mir ganz kurz und eher schroff beantwortete, so als wollte sie sagen, ich soll möglichst bald wieder gehen. Es war furchtbar, in ihre Augen zu schauen. Ich ging nicht, sondern dankte meinem Herrn für den Sieg, den er mir geschenkt hat, daß ich mich setzen durfte und das Gespräch anfangen konnte. Innerlich betend erzählte ich ihr nun etwas von meinen Erlebnissen in China. Ich brauchte das, um ihre Aufmerksamkeit auf mich zu lenken. — Es ist manchmal gut, wenn man mit Leuten, die nichts von Jesus wissen wollen, irgendwo bei etwas Interessantem am Rande außen anfängt und dann Schritt für Schritt immer näher ans Zentrum herankommt. — So versuchte ich es auch bei der kranken Frau. Ich hatte noch nicht viel erzählt, da unterbrach sie mich und sagte: „Was, Sie waren in China? Da müssen Sie mir aber erzählen, wie das war." — Ich dankte meinem lieben Heiland für diesen neuen Sieg und erzählte nun der Frau, wie Chinesen durch den Missionsdienst Jesus als persönlichen Heiland erleben durften. Sie hörte interessiert zu; aber immer und immer wieder richtete sie ihren Blick zum Fenster hinaus und schaute wie gebannt auf den Bach, der am Hause vorbeiführte. Ich fürchtete, die Frau gehe vielleicht im stillen mit Selbstmordgedanken um, und als ich ganz unmerklich eine Frage über ihr Ergehen stellte, klagte sie mir ganz offenherzig, man wolle sie in eine Nervenheilanstalt bringen. In zwei Stunden soll sie abgeholt werden, aber sie wolle unter keinen Umständen dorthin gehen.

Nun war ich so dankbar, daß ich dem Auftrag des Herrn unverzüglich Folge geleistet und nicht zuerst einen andern Besuch gemacht hatte.

„Wenn Sie in diese Klinik kommen", sagte ich ihr tröstend, „werde ich Sie dort besuchen." — „Sie kommen nicht dorthin", antwortete sie mir barsch, „es kommt gar nicht in Frage, daß man mich dorthin bringt." Da merkte ich, daß die Frau irgendeinen Fluchtplan hatte, aber daß der Herr mich dazwischen gesandt hatte. „Doch", fuhr ich ganz lieb fort, „ich werde zu Ihnen kommen und Sie besuchen. Ich hab's versprochen, und ich werde es auch ausführen."

Ich erzählte der Frau weiterhin verschiedene ermutigende Dinge. Ich merkte, daß der Herr Jesus Sieg schenkte und ihr ach so kaltes Herz langsam aufzutauen begann.

Auf einmal begann sie mir ihre Not zu klagen. „Wissen Sie", erzählte sie mir, „ich bin lungenkrank; aber das allein wäre ja nicht so schlimm. Ich leide aber unter furchtbaren Depressionen." — Nun hatte ich den gewünschten Anknüpfungspunkt und konnte zu der leidenden Frau sagen: „Ob der Herr Jesus Sie von ihrer Lungenkrankheit heilen will, weiß ich nicht; aber eines weiß ich ganz bestimmt, daß er Sie von Ihren Depressionen heilen kann. Da gibt es einen wunderbaren Weg." — „Ja, welchen denn?" fragte sie ganz interessiert. — „Übergeben Sie Ihr Leben dem Heiland, dann wird alles gut!" riet ich ihr. „Das ist es ja gerade, was ich nicht tun kann und will", entgegnete sie. — „Es gibt keinen anderen Weg; aber wenn Sie den einschlagen, dann kann ich Ihnen garantieren, daß Sie von Ihren Depressionen frei werden", erwiderte ich. — „Soll ich denn einen Weg gehen, den ich absolut nicht bereit bin zu gehen?" forschte sie weiter. — „Jawohl, gehen Sie diesen Weg, und Sie werden nicht enttäuscht sein. Wenn ich Sie das nächste Mal besuchen werde, bringe ich Ihnen etwas zum Lesen mit, damit Sie den Weg noch besser verstehen."

Ich überreichte ihr auch ein paar Traktate, die ich gerade bei mir hatte, und welche Freude, sie nahm dieselben dankend entgegen. — Wieder ein Sieg! — Und zum Schluß durfte ich noch mit ihr beten. — Wieder ein Sieg! —

Ganz beglückt verließ ich das Haus. Ich wußte, daß der Herr Jesus jetzt weiter wirken würde.

Wie ich ihr versprochen hatte, besuchte ich sie in der Nervenklinik und war verwundert, sie schon so positiv verändert vorzufinden. Sie freute sich sichtlich an meinem Besuch, stellte mich sogar der Schwester vor und sagte mir: „Wissen Sie, ich habe es noch gut im Vergleich zu den vielen Schwerkranken, die da sind."

Ich merkte, daß die heilsame Gnade an ihrem Herzen wirkte und daß ihr Jesus immer lieber wurde.

Später durfte sie wieder nach Hause zurückkehren, wo ich sie öfter besuchte. Ich blieb zwar nie lange, da ihr Mann am Sterben war. — Als ich einmal von einer längeren Dienstreise wieder in die Gegend kam, hörte ich, der Mann sei gestorben. Sofort suchte ich die Frau auf, um ihr ein bißchen Trost zu bringen und ihr weiter von Jesus zu sagen. Sie freute sich sehr, mich wiederzusehen, und als ich mich an ihren Bettrand setzte, sagte sie: „Schwester, haben Sie keine Angst, von mir angesteckt zu werden? Ich bin ja schwer lungenkrank."

„O nein", wehrte ich ab, „der Herr Jesus kann mich bewahren."

Wir redeten dann miteinander, und ich erzählte ihr weiter von Jesus, von seinem Leiden und Sterben, von seiner herrlichen Erlösungstat und von der Kraft seines Blutes. Sie war jetzt ganz empfänglich. Als ich sie wieder verlassen wollte, sagte sie zu mir: „Ich werde wohl nicht mehr lange leben." — Da habe ich sie einen schönen Liedvers gelehrt und ihr das Lied vorgesungen. Sie hatte große Freude daran, und ich glaube, daß sie es fassen konnte. — Das war wieder ein Sieg!

Von der nächsten Dienstreise heimgekehrt, besuchte ich sie wieder, um mich nach ihrem Ergehen zu erkundigen. Inzwischen war nämlich gerade ein Jahr verflossen seit meinem letzten Besuch, und mit großer Dankbarkeit durfte ich feststellen, daß sie eine ganz andere Frau geworden war.

Unter anderem sagte sie zu mir: „Schwester, wenn Sie von Ihrer nächsten Reise nach Hause zurückkehren, bin ich nicht mehr da; aber nicht wahr, Schwester, ich darf doch bei meinem Abscheiden sagen, wie wir gesungen haben:

Halleluja singst auch du,
wenn du Jesus siehst,
unter Jubel ein zur Ruh
in den Himmel ziehst.
Gelobt sei er,
der vom Kreuz zum Throne stieg,
hilft auch mir zu meinem Sieg.
Gelobt sei ER!"

Mir kamen die Tränen, Freudentränen. Sie war also gerettet. Sie hat Jesus als persönlichen Heiland und Erlöser annehmen und erleben dürfen und auch Gewißheit der Vergebung ihrer Sünden erhalten.

O wie freute ich mich an der großen Liebe und Barmherzigkeit Gottes, unseres Heilands. Er hat sie frei gemacht von ihren Depressionen und hat ihr seinen herrlichen Frieden geschenkt.

Sie bekannte mir dann, sie habe nur noch eine Angst, die Angst, der Teufel könnte sie noch ganz schwer anfechten, weil sie so viele Jahre dem Herrn widerstrebt hatte.

Ich versprach ihr aber, für sie zu beten, daß sie ruhig und unangefochten heimgehen dürfe. Durch die Liebe ihres hochgelobten Herrn angerührt und durch meinen Zuspruch getröstet, war sie ganz ruhig im Blick auf die kommenden Tage. Ich mußte wieder verreisen, um einen auswärtigen Dienst zu versehen, und als ich wieder nach Hause kam, erkundigte ich mich sofort nach dem Befinden der Frau. Da sagte man mir, sie sei heimgegangen. „Gerade heute ist ihre Beerdigung." Ich mußte noch einen Besuch machen bei einer Schwerkranken, die nahe am Friedhof wohnte, und als ich mit der Frau sprach, zog unter dem Haus der Leichenzug der heimgegangenen Schwester vorbei. Nach damaligem Brauch wurde auf dem Weg zum Friedhof gesungen. Gerade an dem Haus vorbei, in dem ich mich befand, hörte ich die Strophe singen:

Halleluja singst auch du,
wenn du Jesus siehst. –

Mit diesen Worten war die Schwester zu ihrem Heiland gegangen, und gleichsam wie eine göttliche Bestätigung hörte ich diese Worte von den Leuten singen. So hat der Herr wieder eine Seele auf wunderbare, herrliche Weise errettet.

„Wie herrlich bist du, Sieger von Golgatha, und wie mächtig ist deine rettende, bewahrende Macht. Du seist gepriesen in Ewigkeit."

Und was mich besonders freute: Man sagte mir, die Schwester sei ohne Kampf in die Ewigkeit abberufen worden. So erhört der Herr Gebet! Ihm sei Ehre und Dank dafür!

„Jesus sprach zu ihm: Was willst du, daß ich dir tun soll?" (Mark. 10, 51)

Einmal wurde ich in eine Stadt gerufen, um in einem Heim für schwererziehbare Knaben eine Missionsstunde zu halten. Es war großes Schneetreiben, und als ich bei dem Haus ankam, sah ich aus wie ein Schneemann. Wie ich zur Tür eintrat, dünkte es mich sogar, es donnere, nur blitzen sah ich es nirgends.

Ich wurde herzlich willkommen geheißen von den Hauseltern; aber als ich ihnen von dem Gewitter erzählte, mußten sie lachen und sagten: „Schwester, das war kein Gewitter. Das tut so, wenn unsere Buben vom Essen aufstehen." Da dachte ich bei mir selbst: „Jetzt weiß ich, wo ich hingekommen bin. Das wird noch etwas absetzen!"

Und tatsächlich, es ging wirklich sehr laut zu in dem Heim. Die Knaben waren alle, wie man bei uns so sagt, „Rowdys". Und diesen „Rowdys" also sollte ich eine Missionsstunde halten. Irgendwie freute ich mich aber trotzdem herzlich, den Jungen dienen zu dürfen.

Ich bat den Herrn Jesus um die rechten Worte und um Aufmerksamkeit. Und siehe da! — Es war so still, daß man eine Stecknadel hätte auf den Boden fallen hören. — Und aufgepaßt haben sie!

Ich sprach zuerst über den oben angeführten Textvers und erklärte den Knaben, daß der Herr Jesus auch jeden einzelnen unter ihnen frage: „Was willst du, daß ich dir tun soll?" — „Der blinde Bartimäus hatte nur *einen* großen Wunsch — sehend zu werden, und vielleicht habt ihr auch alle in irgendeiner Art einen speziellen Wunsch an den Herrn Jesus. Vielleicht habt ihr eine drückende Last im Leben, die ihr Jesus bringen möchtet. Wenn ja, dann dürft ihr anschließend an die Missionsstunde zu mir oder zu den Hauseltern kommen. Wir sind gerne bereit, mit euch zu beten."

Anschließend erzählte ich ihnen noch eine spannende Geschichte aus China, und bald war die Stunde zu Ende.

Ich zog mich in mein Zimmer zurück. — Da auf einmal — ich war noch nicht lange oben — polterte es laut und eindringlich die Treppe herauf. Schwere Schuhe wurden mit viel Getöse an Wand und Tür ausgezogen, und dann klopfte, nein, schlug jemand an die Tür.

Auf mein „Herein" traten sechs halbwüchsige Heimknaben ein. Ganz verwundert fragte ich sie: „Wollt ihr mir einen Besuch machen?" — „Nein", kam es zurück, „wir sind gekommen, um unsere Lasten abzuladen."

„Gut", sagte ich, „das ist aber schön. Jetzt knien wir gleich nieder, um unsere Lasten gerade dem Herrn Jesus zu sagen. Drei knien links von mir und drei rechts, dann sagt mir jeder der Reihe nach, was ihn bedrückt, und wir sagen's gemeinsam dem Herrn Jesus und bitten ihn um Vergebung und Hilfe.

Der eine bekannte unter Tränen: „Ich war so böse, darum konnte ich nicht mehr zu Hause bleiben; aber ich möchte so gern anders werden und wieder nach Hause gehen."

Ich fragte noch nach ihren Namen und brachte die Not von jedem einzelnen zu Jesus: „Lieber Heiland, du siehst den Karl und hast jetzt gerade gehört, was er bekannt hat. Vergib du ihm und hilf du ihm. Ich danke dir, daß du für seine Sünden am Kreuz geblutet hast."

Sie öffneten alle ihr Herz Jesus, und ich glaube, daß sie als neue Kreaturen mein Zimmer verlassen haben.

Nach diesen sechs kamen nochmals sechs andere, die auch ihr Herz ausschütten und Lasten abladen wollten.

Inzwischen war es spät am Abend geworden, und ich hatte mir vorgenommen gehabt, am nächsten Tag zu verreisen. Da klopfte ein Heimlehrer an die Tür und fragte, ob es nicht möglich wäre, daß ich eventuell am nächsten Tag auch noch dabliebe. Es möchten gerne noch andere zu mir in die Aussprache kommen. Das freute mich sehr, und gerne war ich bereit, zum Einbringen dieser „Ernte" meine Abreise zu verschieben.

Und wirklich, am nächsten Tag kamen nochmals eine ganze Anzahl Jungen, um ihr Leben dem Heiland zu übergeben.

Für die Hauseltern war es noch eine ganz besondere Freude, daß nach einigem Zögern auch ihre drei Kinder ihr Leben Jesus übergaben. Als ich nämlich dem jüngsten von ihnen, dem fünf- oder sechsjährigen Knaben, prüfend sagte: „Du bist wohl noch zu klein, um zum Herrn Jesus zu kommen", antwortete er mir: „Hab's schon gemacht." — „Was hast du denn schon gemacht?" fragte ich erwartungsvoll. „Bist du bei der Mutter gewesen, um dich zu bekehren?" — Da gab der herzige Bub ganz verschmitzt zur Antwort: „Hab's selber gemacht."

Das freute mich ganz herzlich. Bevor ich fortging, bat ich die Hauseltern und Lehrer noch, nicht zu erschrecken, wenn der Feind bei einzelnen noch Nachhutsgefechte liefern würde, d. h. wenn trotz der Bekehrung die einen oder andern noch frech sein sollten. Das beste sei, mit diesen ins Gebet zu gehen und ihnen ganz positiv zur Seite zu stehen.

So habe ich oft die rettende Liebe des Heilandes bei Kindern sehen dürfen. Ja, unser Herr ist wunderbar. Er liebt Kinder, Jugendliche und Erwachsene. Er kennt alle Probleme und Fragen. Er möchte sich allen offenbaren als Siegesheld.

O daß doch alle Jesus als ihren persönlichen Heiland aufnehmen möchten! Und daß doch alle Gläubigen ihrem Ruf gemäß als Licht und Salz ihrem Herrn treu nachfolgen möchten! Ich glaube, wir dürften auch heute noch Erweckungen erleben.

Rühmet, ihr Menschen, den hohen Namen
des, der so große Wunder tut!
Alles, was Odem hat, rufe Amen
und bringe Lob mit frohem Mut!
Ihr Kinder Gottes, lobt und preist
Vater und Sohn und Heilgen Geist!
Halleluja, Halleluja!

Johann Daniel Herrenschmidt (1675—1723)

Nachwort

Mit diesem Büchlein liegen die ausgewählten „Erlebnisse einer Chinamissionarin“ zunächst abgeschlossen vor. Die Erinnerungen Schwester Elisabeth Seilers haben einen überraschend guten Anklang gefunden. Doch noch mehr freuen wir uns, daß durch ihre Berichte manche Leser gesegnet wurden. Damit ging der Wunsch, wie er im Vorwort des ersten Bändchens ausgesprochen wurde, in Erfüllung: „Originale kann man nicht kopieren . . . Doch können sie uns Mut machen zur Nachfolge, zur Hingabe im Glauben und im Dienst.“ Zugleich möchte uns dieses dritte Bändchen daran erinnern, in der Fürbitte an die „Kirche unter dem Kreuz“ in China, wie überhaupt an Verfolgung leidende Gemeinden zu denken. Auch von ihren Leiden um Jesu willen gilt das Wort des Apostels Paulus (Kol. 1, 24): „Ich erstatte an meinem Leib, was noch mangelt an den Trübsalen Christi, seinem Leib zugute, welcher ist die Gemeinde.“ Mit diesem Leiden dienen sie auch uns, wenn wir Glieder am Leib Jesu Christi, seiner Gemeinde, sind. Darum laßt uns ihnen dienen mit treuer Fürbitte.

Lienhard Pflaum

In der TELOS-Taschenbuchreihe erscheinen folgende Titel

1 Werner Penkazki, Wo ist Gott?
2 Dale Rhoton, Die Logik des Glaubens
3 Fritz Schmidt-König, Gib acht auf diesen hellen Schein!
4 Anna Lawton, Frauen dienen Christus
5 W. MacDonald, Wahre Jüngerschaft
6 Ernst Modersohn, Sieghaftes Leben
7 John Meldau, Der Messias in beiden Testamenten
8 K. H. Caspari/Jörg Erb, Nichts kann uns scheiden von der Liebe Gottes
9 Otto Riecker, Ruf aus Indonesien
10 Anton Schulte, Es gibt einen Weg zu Gott
11 Konrad Zeller, Dorothea Trudel von Männedorf
13 Watchman Nee, Der normale Mitarbeiter
14 Watchman Nee, Sitze, wandle, stehe!
15 Baily, Auch sie wurden frei
16 Wilder-Smith, Der Mensch im Streß
17 Elisabeth Seiler, Berufen und geführt
18 Elisabeth Seiler, Tut seine Wunder kund
19 Elisabeth Seiler, Wunderbar sind seine Wege
20 Wilhelm Gottwaldt, Wissenschaft contra Bibel?
21 Wolfgang Heiner, Fragen der Jugend
22 W. MacDonald, Gottes Antwort auf Fragen des Menschen
23 Hans Pförtner, Sieg über den Alltag
24 Wilhelm Steinhilber, Einer von den Siebzig
25 W. Ian Thomas, Christus in Euch, Dynamik des Lebens

TELOS-Kindertaschenbücher
3001 Anny Wienbruch, Brigitte und die Wunderkiste
3002 Oswald Smith, Andys Abenteuer
3003 Anny Wienbruch, Antje, ein Schulmädel